Karin Iden

Neue Köstlichkeiten mit Zucchini

AUGUSTUS

Inhalt

Eingemachtes

ABKÜRZUNGEN

EL	=	Esslöffel
TL	=	Teelöffel
Msp.	=	Messerspitze
g	=	Gramm
kg	=	Kilogramm
l	=	Liter
ml	=	Milliliter
cm	=	Zentimeter

Alles über Zucchini

Zucchini gehören zu der großen Familie der Kürbisgewächse (Cucurbitaceae), zu denen neben Garten- und Riesenkürbissen auch Garten-, Schwamm- und Essiggurken sowie chinesische Bittermelonen zählen.

Die meisten der über 805 Arten zählenden Großfamilie ranken sich an Gerüsten hoch oder kriechen raumgreifend über den Boden. Allen gemein ist ihr schnelles, in aller Regel sehr üppiges Wachstum. So nehmen Gartenkürbisse in ihrer aktiven Wachstumsphase täglich durchschnittlich über 300 Gramm Gewicht zu – aber auch das Doppelte kann möglich sein. Diese Gewichtszunahme liegt an der Ansammlung des stark wasserhaltigen Saftes in den Zellvakuolen.

Zucchini – die Kleinste der Familie

Bis vor 20 Jahren kannte man Zucchini hierzulande kaum; sie galten als echte Exoten. Doch dann eroberten die kleinen Verwandten des Kürbis die deutschen Küchen im Sturm und sind heute als Allroundgemüse daraus nicht mehr wegzudenken.

Zucchini kann man das ganze Jahr über – aufgrund des flächenmäßigen Anbaus und vieler Importe – relativ preiswert kaufen, und sie können einfach und ohne großen Zeitaufwand zubereitet werden. Die grünen, manchmal auch gelblichen, weiß gestreiften oder gefleckten Gebilde haben einen milden, eher neutralen Geschmack. Zucchini heißen sie in Italien – Zucchino ist die Einzahl –, Zucchetti nennt man sie in der Schweiz, als Courgettes sind sie in Frankreich und England, als Calabacinas in Spanien bekannt.

Zucchini – die kleinen Schlangenkürbisse mit großem Erfolg.

Die nahezu weißen Früchte werden Bischofsmützen genannt.

Zucchini sind sehr anpassungsfähig und lassen sich hervorragend mit anderen Gemüsen sowie mit Fleisch, Fisch, Reis, Eiern und Teigwaren kombinieren. Und durch die Zugabe von Kräutern und Gewürzen verbinden sie sich mit nahezu jedem Aroma.

Von Südamerika nach Europa

Der Zucchino (»Zukkino« ausgesprochen; botanischer Name: Cucurbita pepo var. giromontiina) hat seinen Ursprung in Südamerika, Westindien und Mexiko. Sein Name ist eine Verkleinerungsform der italienischen Bezeichnung für Kürbis, »Zucca«, und bedeutet somit »kleiner Kürbis«. Spanische Seefahrer brachten Zucchini im 15. Jahrhundert aus Übersee mit in ihre Heimat. Doch erst 400 Jahre später baute man sie auch großflächiger in Europa, genauer gesagt in Italien, an. Dann fanden Italienurlauber Gefallen an den knackig-grünen Früchten – und schon gab es auch Anhänger nördlich der Alpen. In Nordamerika brachten wiederum italienische Einwanderer das Gemüse ganz groß heraus.

Gemüse mit steiler Karriere

Bei uns werden Zucchini heute im Mittelmeerraum, vor allem in Italien, Spanien, Frankreich und Israel, angebaut, aber inzwischen gedeihen sie auch in den Niederlanden, in Großbritannien und in Deutschland.

Die Zucchini sind die fleischigen Beerenfrüchte einer rasch wachsenden, kurzstämmigen und sehr frostempfindlichen Pflanze. Bei dem einjährigen Fruchtgemüse wachsen aus einem kräftigen Haupttrieb dicht gedrängte Blattstiele und Blütentriebe zu einer ausladend buschigen oder rankenden Pflanze. An den langen hohlen Stielen sitzen große, herzförmige Blätter, die häufig graue Flecken haben. Stiele und Blätter sind rau behaart. Die großen gelben Blüten öffnen sich zu sternförmigen Schalen.

Einzelne Sorten

Es gibt mehrere Zucchinisorten: Die mittel- bis dunkelgrünen Früchte, weiß gestreift oder gefleckt, sind die bekanntesten; weiße bzw. cremefarbige und gelbe Früchte sieht man hier und da; sie werden aus Frankreich, Italien, der Türkei, neuerdings auch aus den Niederlanden importiert.

Die Mini- oder Babyzucchini sind keine eigene Sorte, sondern sehr jung und klein geerntete und im Sommer mit ihren Blüten angebotene Früchte. Eine seltene Varietät sind die runden Zucchini, die wie ihre länglichen Verwandten dunkelgrün gesprenkelt sind.

Sie sollten nicht mit den Rondini, die hellgrün gesprenkelt sind, verwechselt werden. Rondini färben sich später orangerot. Geerntet werden sie jedoch nur im unreifen, grünen Zustand. Sie sind die einzigen, die sich gerne an Stangen in die Höhe ranken.

Gemeinsam haben alle Sorten ihr weißes bis hellgrünes Fruchtfleisch. Es ist fester und weniger mehlig als das des Riesenkürbis und auch fester im Biss als das der Gurken. Roh ist der Geschmack leicht nussig, gegart dagegen recht neutral und verlangt nach Kräutern und Gewürzen. Die vielen weichen Kerne kann man bedenkenlos mit verzehren. Im ausgewachsenen Zustand verlieren die Früchte an Saftigkeit und Geschmack.

Goldgelbe und orangefarbene Sorten, auch Gold Rush genannt, haben eine angenehme Süße und Fruchtigkeit.

Für Vitalität und eine schlanke Linie

Lange Zeit vor der europäischen Besiedlung Amerikas war der Zucchino dort bereits kultiviert. Aus dieser Zeit stammen Berichte, die ihm diverse Heilwirkungen nachsagen. So soll er gegen Zahnschmerzen, Geburtswehen und Schlangenbisse wirksam sein. Und auch bei der Beseitigung von Warzen bei Vollmond wurde er einst verwendet.

Auf jeden Fall sind Zucchini ein sehr kalorienarmes und gesundes Gemüse: 100 Gramm enthalten nur 19 kcal/79 kJ. Außerdem sind sie reich an Mineralstoffen, vor allem an Kalium, Phosphor und Jod, und enthalten darüber hinaus Vitamine der B-Gruppe, Niazin, Folsäure und Vitamin C. Sie sind also ein rundum gesunder Genuss, leicht verdaulich und sehr gut bekömmlich.

Runde Zucchini mit knapper Faustgröße.

Tipps für den Einkauf

Wer keine Möglichkeit für den eigenen Anbau hat, kann Zucchini das ganze Jahr über auf Märkten und in Gemüsegeschäften kaufen, denn sie werden aus Italien, Spanien, Frankreich, den Niederlanden und Israel importiert. Von heimischen Erzeugern kommen die Zucchini im Frühjahr aus dem Unterglas- und Folienanbau, von Juli bis Oktober aus dem Freiland.

Die zum Verzehr geeigneten Zucchini sollten gerade bis leicht gebogen sein, einen kleinen Stielansatz und eine zarte und unbeschädigte Schale haben. Insbesondere müssen sie an der Spitze und am Stielansatz fest sein. Mit 15 bis 20 Zentimeter Länge schmecken Zucchini am besten, in diesem Stadium ist das Fruchtfleisch weiß bis hellgrün und knackig. Größere Exemplare können innen leicht schwammig und fade im Geschmack sein.

Wenn die Schale weiße Sprenkel hat, ist das übrigens ein Zeichen für Freilandwuchs. Gleichmäßig tiefgrüne Zucchini kommen aus dem Unterglasanbau und sind nicht ganz so aromatisch.

Eine Delikatesse – Zucchiniblüten

Eine Pracht sind die gelben Zucchiniblüten, die ebenfalls essbar sind. Die männlichen Blüten sitzen auf langen, dünnen Stängeln, und die besonders großen weiblichen Blüten direkt auf dem Fruchtansatz. Diese Blütenkelche von etwa fünf bis acht Zentimeter Tiefe eignen sich besonders gut zum Füllen, beispielsweise mit einer Farce aus Kräutern auf Kalbfleisch- oder Frischkäsebasis. Die kleineren, männlichen Blüten werden meist nur ausgebacken oder frittiert. Beide haben einen sehr angenehmen, fruchtigfrischen Geschmack. Rezepte dazu finden Sie in den folgenden Kapiteln. Die Blüten, die es fast das ganze Jahr über gibt, kann man beim Gemüsehändler bestellen. Außerhalb der Freilandsaison sind sie allerdings nicht ganz billig.

Gelten als Delikatesse: Zucchiniblüten.

Aufbewahrung – kein Problem

Da Zucchini das ganze Jahr über erhältlich sind, kauft man sie am besten frisch, wenn man sie braucht. Doch hier und da sind mal Früchte übrig und müssen gelagert werden. Im Gemüsefach des Kühlschranks halten sich makellose Zucchini bis zu zwei Wochen. Sie vertragen nicht die Nähe von Ethylen ausströmendem Obst, wie zum Beispiel Äpfel, und Gemüse, wie zum Beispiel Tomaten. Deshalb sollten sie separat lagern. Die ganzen oder geschnittenen Früchte sind nicht tiefkühlgeeignet; sie werden wegen des hohen Wassergehaltes beim Auftauen matschig. Nur im pürierten Zustand lassen sie sich einfrieren. Eine Methode zur Haltbarmachung ist das Einlegen in Öl oder Essig.

Die Zucchiniblüten sollten nach dem Pflücken bzw. Kaufen möglichst schnell zubereitet werden. Schon gefüllte Blüten können, in ein feuchtes Tuch gewickelt, im Gemüsefach des Kühlschranks ein bis zwei Stunden aufbewahrt werden.

Einfach in der Zubereitung

Schneiden Sie von den Zucchini nur die Spitzen und die Stielansätze ab, dann können Sie die Früchte in Scheiben, Stifte oder Würfel schneiden. Zum Aushöhlen nimmt man am besten einen Teelöffel, mit dem man das Fruchtfleisch mit den Kernen herauslöffelt; für gefüllte Zucchini lässt man einen Rand von etwa einem Zentimeter stehen. Das herausgeschabte Fruchtfleisch wird zumeist für die Füllung oder Sauce verwendet.

Für Salate lassen sich Zucchini raspeln oder in dünne Scheiben schneiden. Große Früchte sollten geschält und entkernt und in heißem Salzwasser vorgegart werden. Zucchiniblüten öffnet man vor der Zubereitung und schneidet mit einem kleinen Messer den Stempel vorsichtig heraus (detaillierte Beschreibung, siehe vordere Umschlaginnenseite).

Vielseitige Verwendung

Zucchini lassen sich auf vielfache Art zubereiten. Je nach Alter bzw. Größe sind sie aufgrund ihrer Konsistenz in kurzer Zeit gar. Sie sollten jedoch immer noch Biss haben. So schmecken Zucchini:
- als Beilage, in Scheiben oder Stifte geschnitten, nur gedünstet, mit viel gehackter Petersilie oder mit anderem Gemüse als Ratatouille
- in einem Eintopf
- als Suppe, püriert, verfeinert mit süßer oder saurer Sahne
- als Salat, roh in feine Streifen oder dünne Scheiben geschnitten und in einer würzigen Marinade eingelegt
- als Hauptgericht mit Gemüse- oder Fleischfarce gefüllt, mit Käse überbacken oder geschmort
- als Chutney, süßsauer gewürzt.

Zucchini und aromatische »Begleiter«

Da Zucchini einen zarten Eigengeschmack haben, können Sie sie mit kräftigen Kräutern wie Basilikum, Liebstöckel, Thymian, Salbei, Dill, Rosmarin, aber auch mit Estragon, Zitronenmelisse, Minze und natürlich mit Knoblauch zubereiten.

In der indischen und orientalischen Küche bevorzugt man kräftige Aromen, erzeugt durch Gewürze wie Currymischungen, Kreuzkümmel und Koriandersamen, die als Kontrapunkt zur leichten Süße der Zucchini passen.

Suppen
& Eintöpfe

Eine Suppe wärmt, belebt und kann der Auftakt einer Mahlzeit oder eines ganzen Menüs sein. Vom kleinen Süppchen bis zum deftigen Eintopf ist hier alles dabei – immer wieder neu und voller Geschmack.

Raffiniert

Gemüsebrühe mit Zucchini und Quarknocken

Für 4 Portionen

600 g kleine Zucchini
1 ¼ l Gemüsebrühe
⅛ l trockener Weißwein

Für die Quarknocken

4 EL Semmelbrösel
4 EL Milch
1 EL Weizenmehl
(Type 1050)
100 g Magerquark
1 Eigelb
4 EL tiefgefrorenes Basilikum
1 Prise Meersalz

Außerdem

1 EL Hefe-Gemüsebrühe-Extrakt
weißer Pfeffer, frisch gemahlen
1 Prise Muskatnuss, frisch gerieben

Zubereitungszeit:
ca. 35 Minuten
Kühlzeit: 30 Minuten

Tipp
Die Nocken lassen sich roh oder auch gegart einfrieren.

Bild Seite 10/11

1 Die Zucchini waschen, die Spitzen und Stielansätze entfernen und die Zucchini in sehr dünne Streifen schneiden.

2 Die Gemüsebrühe in einem Topf erhitzen. Die Zucchinistreifen zugeben und etwa 1 Minute ziehen lassen, wieder herausnehmen und warm stellen. Die Brühe durch ein Sieb gießen und wieder in den Topf geben, den Weißwein angießen.

3 Für die Nocken Semmelbrösel und Milch verrühren. Mehl, Quark, Eigelb und 2 Esslöffel Basilikum unterrühren, salzen; 30 Minuten kühl stellen.

4 Aus dem Quarkteig mit zwei Teelöffeln etwa 24 kleine Nocken abstechen, in 1 ½ Liter kochendes Salzwasser geben und darin in 10 Minuten gar ziehen lassen. Herausnehmen und abgetropft in einer Schüssel, mit einer umgedrehten Untertasse am Boden, warm stellen.

5 Die Gemüsebrühe erhitzen, mit Hefe-Gemüsebrühe-Extrakt, Pfeffer und Muskatnuss abschmecken. Die Zucchinistreifen und Quarknocken in tiefe vorgewärmte Teller geben, die Brühe dazugießen. Die Suppe vor dem Servieren mit dem restlichen Basilikum bestreut anrichten.

Variante

Auch Grießnocken schmecken gut in dieser Suppe: 60 Gramm Butter, 1 Ei, 1 Prise Salz, 65 Gramm Grieß und 2 Esslöffel Basilikum (oder andere Kräuter) verkneten, 1 Stunde ruhen lassen. Mit einem Teelöffel kleine Nocken abstechen und in kochendem Salzwasser 10 bis 15 Minuten ziehen lassen.

Provenzalischer Gemüseeintopf

Preiswert

1 Die Auberginen waschen, die Stielansätze entfernen und Auberginen längs halbieren und in Stücke schneiden. Die Zwiebel schälen und in Scheiben schneiden. Knoblauch schälen und grob hacken.

2 Die Paprikaschoten waschen, vierteln, die weißen Kerne und die Stielansätze entfernen, die Paprika klein schneiden. Die Zucchini waschen, Spitzen und Stielansätze entfernen, die Zucchini in Scheiben schneiden. Die Tomaten waschen, halbieren, entkernen und klein schneiden. Die Thymianblättchen von den Zweigen zupfen, Basilikumblätter grob schneiden.

3 Das Olivenöl in einem großen Topf erhitzen. Die Auberginenstücke darin anbraten, dabei wenden, damit sie nicht kleben bleiben. Salzen und pfeffern. Bei schwacher Hitze Zwiebel- und Knoblauchstücke zufügen und 5 Minuten zugedeckt dünsten.

4 Die Paprikaschoten, Basilikum und Thymian zur Auberginenmischung geben und zugedeckt 10 Minuten dünsten.

5 Die Zucchini dazugeben, umrühren und erneut zugedeckt 15 bis 20 Minuten kochen lassen, je nach Flüssigkeitsmenge offen oder geschlossen. Der Eintopf sollte etwas breiig sein.

6 Den Eintopf mit etwas Zitronensaft, Salz und Pfeffer würzen, gut umrühren und im Topf oder in einer vorgewärmten, großen Terrine servieren.

Beilagentipp

Knuspriges Baguette oder gegrilltes Fleisch. Dazu schmeckt ein Rotwein aus dem Burgund oder ein leichter Bordeaux.

Für 4 Portionen
2 Auberginen (je ca. 350 g)
1 große Gemüsezwiebel (ca. 250 g)
4 Knoblauchzehen
je 1 rote, grüne und gelbe Paprikaschote
500 g Zucchini
250 g Tomaten
$1/_2$ Bund Thymian
4 Zweige Basilikum
5 EL Olivenöl
1 Zitrone
Salz
weißer Pfeffer, frisch gemahlen

Zubereitungszeit:
ca. 35 Minuten

Tipp
Dieser Gemüseeintopf heißt in Frankreich Ratatouille. Wenn Sie die Ratatouille nicht ganz so lange garen, können Sie sie lauwarm oder kalt als Salat servieren. Dazu mit etwas Aceto balsamico abschmecken und mit etwas frischem Olivenöl beträufeln.

Raffiniert

Fischbouillon mit Zucchini und Lachsklößchen

Für 4 Portionen

400 g Zucchini	
1 EL Butter	

Für die Lachsklößchen

Salz	
200 g Lachsfilet	
1 Bund Koriander	
1 Eigelb (Gewichtsklasse S)	
1 EL Crème fraîche	
weißer Pfeffer, frisch gemahlen	

Für die Brühe

³/₄ l Fischfond	
3 EL Sojasauce	
1 Schuss trockener Sherry	

Zubereitungszeit:
ca. 25 Minuten

Tipp
Für die Lachsklößchen
können Sie auch die so ge-
nannten Lachsabfälle ver-
wenden, das sind kleine
Stücke, die beim Lachs-
schneiden im Fischgeschäft
übrig bleiben.

1 Die Zucchini waschen, Spitzen und die Stielansätze entfernen. Die Zucchini halbieren und in etwa 1 cm große Würfel schneiden.

2 Die Butter in einem Topf zerlassen und die Zucchini-würfel darin 4 Minuten zugedeckt dünsten. Zucchini bei-seite stellen.

3 1½ Liter Salzwasser in einem Topf erhitzen. Das Lachsfilet grob würfeln. 4 Stiele Koriander waschen, trockentupfen und fein schneiden. Lachswürfel, Eigelb und Crème fraîche im Mixbecher zu einer feinen Masse pürieren. Kräftig mit Salz und Pfeffer abschmecken.

4 Von der Lachsmasse mit zwei angefeuchteten Teelöf-feln etwa 40 kleine ovale Klößchen abstechen, ins Was-ser geben und darin ziehen lassen, bis sie an die Ober-fläche steigen. Mit einem Schaumlöffel herausnehmen und in eine Schüssel, mit umgedrehter Untertasse am Boden, setzen und warm stellen.

5 Den Fischfond erhitzen und mit Sojasauce und Sherry abschmecken, die Zucchiniwürfel in vorgewärmte tiefe Teller geben, die Lachsklößchen zufügen und mit dem Fond auffüllen. Mit den restlichen Korianderblättchen bestreuen.

Beilagentipp
Kleine Vollkornbrötchen, in Scheiben geschnitten und mit gesalzener Butter bestrichen, schmecken gut zu dieser Bouillon.

Schnell

Zucchinisuppe mit Erdnusscreme

Für 4 Portionen

2 mittelgroße Zucchini
(je ca. 150 g)

800 ml Gemüsebrühe

4 EL trockener Weißwein

80 g Erdnüsse in der Schale

6 EL Erdnusscreme (90 g)

Zubereitungszeit:
ca. 20 Minuten

1 Die Zucchini waschen, Spitzen und Stielansätze entfernen und die Zucchini schälen. Die Schalenstreifen in gleichmäßige Rauten schneiden, die Zucchini grob würfeln. Die Brühe mit dem Weißwein erhitzen. Die Zucchiniwürfel darin 7 Minuten garen.

2 Die Erdnüsse schälen, die Kerne von der braunen Haut befreien und grob hacken. Die Erdnusscreme mit dem Handrührgerät (Pürierstab) nach und nach in die heiße Suppe rühren.

3 Die Suppe mit den Zucchinirauten und den gehackten Erdnüssen anrichten.

Schnell

Zucchinisuppe mit Nudeln

Für 4 Portionen

2 mittelgroße Zucchini
(je ca. 150 g)

200 g Kartoffeln

1 kleine Dose Tomaten
(Abtropfgewicht 240 g)

1 EL Butter

1 l Fleischbrühe

100 g Suppennudeln
(z. B. Gabelspaghetti)

Salz

3 Stiele Thymian

6–8 EL Parmesan
(Parmigiano Reggiano),
frisch gerieben

Zubereitungszeit:
ca. 15 Minuten

1 Die Zucchini waschen, Spitzen und Stielansätze entfernen. Die Kartoffeln schälen. Zucchini und Kartoffeln fein würfeln. Die Tomaten durch ein Sieb streichen.

2 Die Butter in einem Topf zerlassen, Zucchini, Kartoffeln und Tomaten dazugeben, alles vermischen. $\frac{1}{8}$ Liter Fleischbrühe zufügen und aufkochen lassen. Die restliche Brühe zugießen und alles 10 Minuten kochen lassen.

3 Die Nudeln einstreuen und 8 Minuten mitgaren. Die Suppe mit Salz abschmecken und die Thymianblätter einrühren. Die Suppe in vorgewärmte Teller geben. Bei Tisch nach Belieben mit Parmesan bestreuen.

Beilagentipp

Reichen Sie dazu italienisches Weißbrot oder frisch
aufgebackenes Baguette.

Zucchiniblättersuppe

1 Die Zucchiniblätter waschen und in kleine Streifen schneiden. Die Knoblauchzehe schälen und fein hacken. Knoblauch mit 1 Teelöffel Sesamöl und Sojasauce in einer Schüssel verrühren.

2 Das Fleisch in dünne Streifen schneiden und in die Marinade geben. Zugedeckt darin 45 Minuten ziehen lassen.

3 Den Lauch putzen, waschen und längs halbieren, dann in dünne Streifen schneiden.

4 Das restliche Sesamöl in einem Topf erhitzen, die leicht abgetropften Fleischstreifen darin anbraten, mit Marinade und Brühe auffüllen. Sojabohnenpaste und Paprika zufügen. Zugedeckt 8 bis 10 Minuten kochen lassen.

5 Die Zucchiniblätter und die Lauchstreifen zugeben. Noch 5 Minuten zugedeckt garen. Mit Salz und Pfeffer abschmecken.

Varianten

Statt Fleisch schmecken auch Kabeljau-, Rotbarsch- oder Seeteufelwürfel sehr gut. Diese nur 5 Minuten in der Suppe mit den Zucchiniblättern ziehen lassen.

Beilagentipp

Kleine Grahambrotscheiben mit gesalzener Butter passen gut dazu.

Für 4 Portionen

200 g zarte Zucchiniblätter
1 Knoblauchzehe
2 TL Sesamöl
1 EL Sojasauce
125 g mageres Rindfleisch
1 kleine Stange Lauch
1 l Fleischbrühe
1 TL Sojabohnenpaste
1 EL Paprika, edelsüß
Salz
weißer Pfeffer, frisch gemahlen

Zubereitungszeit:
ca. 15 Minuten
Marinierzeit: 45 Minuten

Raffiniert

Zucchiniblütensuppe

Für 4 Portionen

4 kleine Zucchini (je ca. 50 g)
40 g Butter
1 ¼ l Geflügelbrühe (Instant)
12 Zucchiniblüten
1 Bund Kerbel
Salz
weißer Pfeffer, frisch gemahlen
100 g Sahne
1 Prise Zucker

Zubereitungszeit:
15 Minuten

1 Die Zucchini waschen, Spitzen und Stielansätze entfernen. Die Zucchini in dünne Scheiben schneiden, in der zerlassenen Butter andünsten und mit Geflügelbrühe auffüllen.

2 Die Zucchiniblüten ausschütteln, jeweils den Stempel im Innern mit einem kleinen Messer entfernen. 2 Blüten beiseite legen. Den Kerbel waschen, trockentupfen und von der Hälfte die Blättchen abzupfen.

3 Die andere Hälfte des Kerbels und die 10 Zucchiniblüten auf die Zucchinischeiben geben, mit Salz und Pfeffer würzen. Zugedeckt leicht kochen lassen.

4 Die Zucchini-Kerbel-Mischung mit dem Handrührgerät (Pürierstab) pürieren, die Sahne einrühren, langsam erhitzen, mit Salz, Pfeffer und Zucker abschmecken.

5 Die beiseite gelegten Zucchiniblüten längs halbieren und damit die Teller garnieren. Die Suppe einfüllen und mit dem restlichen Kerbel bestreut servieren.

Beilagentipp
Bieten Sie dazu dünne, leicht geröstete Baguettescheiben an.

Schnell

Zucchini-Kartoffelsuppe

Für 4 Portionen

500 g mehlig kochende Kartoffeln
300 g Zucchini
3 Knoblauchzehen
3 EL Rapsöl
3 TL Gemüsebrühe (Instant)
Salz
weißer Pfeffer, frisch gemahlen
1 Bund Dill

*Zubereitungszeit:
ca. 20 Minuten*

1 Die Kartoffeln schälen, waschen und würfeln. Die Zucchini waschen, Spitzen und Stielansätze entfernen und die Zucchini schälen und würfeln. Knoblauch schälen und zerdrücken.

2 Das Rapsöl in einem breiten Topf erhitzen, Kartoffel- und Zucchiniwürfel darin hell anbraten, Knoblauch darüber geben. Mit 1 1/4 Liter Wasser und Brühe auffüllen und zugedeckt 20 Minuten kochen lassen. Mit Salz und Pfeffer abschmecken.

3 Den Dill waschen, trockentupfen, fein schneiden und kurz vor dem Servieren über die Suppe streuen.

Raffiniert

Zucchinisuppe mit Lachs

Für 4 Portionen

3 mittelgroße Zucchini (je ca. 200 g)
1 EL Butter
1 l Geflügelfond oder ungesalzene Hühnerbrühe
100 g Sahne
Saft von 1/2 Zitrone
Salz
1/4 TL Thai-Curry
1/2 Bund Dill
500 g frischer Lachs

*Zubereitungszeit:
ca. 20 Minuten*

1 Die Zucchini waschen, Spitzen und Stielansätze entfernen. Die Zucchini schälen und klein würfeln.

2 Die Butter in einem Topf erhitzen, die Zucchiniwürfel darin anschwitzen, mit dem Geflügelfond oder der Hühnerbrühe aufgießen und 8 bis 10 Minuten garen. 4 Esslöffel Zucchiniwürfel herausheben und beiseite stellen. Den Rest zusammen mit der Sahne im Topf mit dem Pürierstab zerkleinern. Mit Zitronensaft, Salz und Curry würzen.

3 Den Dill waschen, trockenschwenken und das Dillgrün fein schneiden. Zusammen mit den beiseite gestellten Zucchiniwürfeln in die Suppe geben.

4 Das Lachsfilet abspülen, trockentupfen, von Gräten befreien und in mundgerechte Stücke schneiden. 3 Minuten vor dem Servieren die Lachsstücke in die Suppe geben. Die Suppe nicht mehr kochen lassen.

Zucchinisuppe mit Forellenfilet

1 Die Zucchini und die Kartoffel waschen. Von den Zucchini Spitzen und Stielansätze entfernen, die Kartoffel schälen. Kartoffel und Zucchini würfeln. Die Zwiebel schälen und fein würfeln.

2 Das Butterschmalz in einem Topf erhitzen, das Gemüse zufügen und 10 Minuten zugedeckt andünsten, zwischendurch wenden. Mit Fischfond auffüllen, mit Salz und Pfeffer würzen. 5 Minuten zugedeckt kochen lassen. Die Suppe pürieren und nochmals würzen.

3 Die Forellenfilets in mundgerechte Stücke teilen und in vorgewärmte Suppenteller setzen. Mit der Zucchinisuppe auffüllen. Jeweils 1 Esslöffel Crème fraîche obenauf geben und mit Dillgrün garnieren.

Schnell

Für 4 Portionen

250 g Zucchini
1 Kartoffel (ca. 80 g)
1 Zwiebel
25 g Butterschmalz
$\frac{1}{2}$ l Fischfond (aus dem Glas)
Salz
weißer Pfeffer, grob gemahlen
100 g geräuchertes Forellenfilet
4 EL Crème fraîche
3 Stiele Dill zum Garnieren

Zubereitungszeit:
ca. 20 Minuten

Gekühlte Zucchinisuppe

1 1 Brötchen in etwas heißem Wasser einweichen. Das andere Brötchen in Würfel schneiden.

2 Die Zucchini waschen, Spitzen und Stielansätze entfernen. Die Zucchini schälen und würfeln.

3 Zwiebel und Knoblauch schälen und sehr fein schneiden. Zusammen mit dem eingeweichten, gut ausgedrückten Brötchen, den Zucchinistücken sowie 4 Esslöffeln Olivenöl im Mixer pürieren. Mit Essig, Salz, Zucker und Pfeffer würzen und mit Wasser verdünnen, bis die Masse cremig wird. 30 Minuten kühl stellen. Danach gut umrühren.

4 Die Weißbrotwürfel im restlichen Olivenöl unter Wenden goldgelb rösten und über die in tiefen Tellern angerichtete Suppe streuen. Mit Koriander garnieren.

Preiswert

Für 4 Portionen

2 Brötchen vom Vortag
3 Zucchini (je ca. 200 g)
1 große Gemüsezwiebel (ca. 200 g)
3 Knoblauchzehen
5 EL Olivenöl
3 EL Wein- oder Sherryessig
Salz
1 Prise Zucker
weißer Pfeffer, frisch gemahlen
etwa $\frac{1}{2}$ l eisgekühltes Wasser
5 Stiele frischer Koriander

Zubereitungszeit:
ca. 25 Minuten
Kühlzeit: ca. 30 Minuten

Preiswert

Toskanischer Gemüseeintopf

Für 6 Portionen

300 g Fagioli (getrocknete weiße Bohnenkerne)
1 Päckchen tiefgefrorenes Suppengrün
1 Knoblauchzehe
1 kleine Zwiebel
1 Stange Staudensellerie
1 Möhre
50 g Bauchspeck
5 EL Olivenöl
2 Zweige Rosmarin
1 gehäufter EL Tomatenmark
1 kleiner Wirsingkohl (ca. 400 g)
1 Stange Lauch
3 Zucchini (je ca. 200 g)
1 Gewürznelke
1 Bund Basilikum
100 g Mittelkornreis (z. B. Arborio oder Vialone)
Salz
100 ml Olivenöl, kaltgepresst

Zubereitungszeit:
ca. 3 Stunden
Einweichzeit: über Nacht

Tipp

Frische weiße Bohnen, die
man im Sommer kaufen
kann, brauchen nur
1 Stunde Kochzeit.

1 Die Bohnen am Vortag mit etwas Wasser bedeckt einweichen. Am Zubereitungstag das Wasser abgießen.

2 Die Bohnen in einem Topf und das unaufgetaute Suppengrün mit 1 1/2 Liter Wasser aufsetzen und 2 Stunden kochen lassen.

3 Die Hälfte der Bohnen durch ein Sieb streichen. Knoblauch und Zwiebel schälen und hacken. Sellerie und Möhre putzen, waschen und in kleine Würfel schneiden.

4 Den Bauchspeck würfeln und in einem Topf in heißem Olivenöl unter Wenden anbraten. Knoblauch- und Zwiebelwürfel zugeben, ebenso die Sellerie- und Möhrenwürfel und einige Rosmarinnadeln sowie das mit 1/8 Liter Wasser verrührte Tomatenmark. Alles 10 Minuten zugedeckt dünsten.

5 Wirsing, Lauch und Zucchini putzen und waschen. Den Wirsing vierteln, den Strunk entfernen, die Viertel in Streifen, Lauch in Ringe, Zucchini in Streifen schneiden. Das Gemüse in den Topf mit der Speck-Tomatenmark-Mischung geben, mit der Bohnenflüssigkeit auffüllen. Die Nelke zufügen. 10 Minuten kochen lassen.

6 Die ganzen Bohnen sowie das geschnittene Basilikum unter die Gemüsemischung heben.

7 Den Reis in 1/4 Liter kaltem leicht gesalzenem Wasser in einem Topf separat aufkochen, zugedeckt 10 Minuten kochen und 20 Minuten bei schwacher Hitze ausquellen lassen.

8 Den Reis unter die Eintopfzutaten geben. Bei Tisch kann sich jeder selbst Olivenöl über das Gericht träufeln.

Schnell

Zucchinisuppe mit Kräuterpesto

Für 4 Portionen
400 g Putenbrust
2 Knoblauchzehen
1 Möhre
400 g Zucchini
250 g Kartoffeln
1 kleine Dose Tomaten (Abtropfgewicht 240 g)
2 EL Olivenöl
Salz
weißer Pfeffer, frisch gemahlen
³/₄ l Gemüsebrühe (Instant)

Für das Pesto

1 Bund Petersilie
4 Zweige Thymian
1 kleine Zwiebel
2 EL Parmesan (Parmigiano Reggiano), frisch gerieben
6 EL Olivenöl, kaltgepresst
Salz
Pfeffer, frisch gemahlen

Zubereitungszeit:
ca. 40 Minuten

Tipp
Von dem Pesto können Sie auch gleich die doppelte oder dreifache Menge zubereiten. In einem Glas verschlossen kann es etwa drei Wochen im Kühlschrank aufbewahrt werden.

1 Das Putenfleisch trockentupfen und würfeln. Die Knoblauchzehen schälen und fein würfeln.

2 Die Möhre und die Zucchini waschen. Die Möhre schälen und in Stifte schneiden. Von den Zucchini Spitzen und Stielansätze entfernen und die Zucchini halbieren, dann in Scheiben schneiden. Die Kartoffeln schälen, waschen und würfeln. Die Tomaten durch ein Sieb streichen.

3 Das Olivenöl in einem Topf erhitzen, das Fleisch darin kurz von beiden Seiten anbraten. Die Hälfte der Knoblauchwürfel darüber streuen. Die andere Hälfte beiseite stellen. Das Fleisch mit Salz und Pfeffer würzen, herausnehmen und beiseite stellen.

4 Das Gemüse in den Bratfond geben und anbraten. Die Gemüsebrühe und die Tomaten zufügen. Zugedeckt 15 Minuten garen. Das Fleisch zum Gemüse geben und weitere 5 Minuten garen.

5 Für das Pesto die Kräuter waschen, trockenschwenken und fein schneiden. Die Zwiebel schälen und sehr fein würfeln. Mit den Kräutern, dem Käse, den restlichen Knoblauchwürfeln und dem kaltgepressten Olivenöl verrühren, mit Salz und Pfeffer würzen.

6 Zum Servieren die Suppe auf tiefe Teller geben und mit dem Kräuterpesto anrichten.

Beilagentipp
Dazu passen Baguette oder Haferbrot mit gesalzener Butter.

Zucchinieintopf mit Bohnen

Aus Frankreich

1 In einem Topf 1 ¼ Liter Wasser aufkochen lassen, die Fleischbrühe und das Suppenfleisch zufügen und 1 ½ Stunden garen.

2 Die Kartoffeln schälen, waschen und in Würfel schneiden. Die Zucchini waschen, Spitzen und Stielansätze entfernen und Zucchini in Scheiben schneiden. Die Tomaten mit heißem Wasser überbrühen, häuten, vierteln und entkernen, dabei die Stielansätze entfernen.

3 Kartoffeln und Zucchini zum Fleisch geben und weitere 15 Minuten garen. Fleisch herausnehmen und in Würfel schneiden.

4 Die Fleischwürfel mit abgetropften Bohnen und Tomaten in die Suppe geben und darin erwärmen. Mit Bohnenkraut, Pfeffer und eventuell Salz abschmecken.

Variante
Wer mag, kann noch 300 Gramm tiefgefrorene grüne Bohnen mit den Zucchini dazugeben. Dann reichen 300 Gramm Zucchini.

Beilagentipp
Geröstete, mit Knoblauchbutter bestrichene Baguettescheiben passen gut zu diesem Eintopf.

Für 4 Portionen

4 EL klare Fleischbrühe (Instant)
500 g Suppenfleisch (hohe Rippe)
200 g fest kochende Kartoffeln
600 g Zucchini
2 Tomaten
1 Dose weiße Bohnen (Abtropfgewicht 250 g)
4 Stiele Bohnenkraut
weißer Pfeffer, frisch gemahlen
Salz

Zubereitungszeit:
ca. 2 Stunden 15 Minuten

Tipp
Die weißen Bohnen lassen sich durch Kidneybohnen ersetzen.

Euro-asiatisch

Zyprischer Eintopf

Für 4 Portionen

1 mittelgroße Zwiebel
600 g Zucchini
1 Bund Suppengrün
1 EL Butterschmalz
2 EL Gemüsebrühe (Instant)
200 g Kartoffeln
6 EL Naturreis
Salz
1 TL Thai-Curry
4 EL Sahnejoghurt

Zubereitungszeit:
ca. 20 Minuten
Quellzeit: 20 Minuten

1 Die Zwiebel schälen und fein hacken. Die Zucchini waschen, Spitzen und Stielansätze entfernen und die Zucchini in fingerlange Stücke schneiden.

2 Das Suppengrün waschen, putzen und klein schneiden. Das Butterschmalz erhitzen und die Zwiebelwürfel darin glasig werden lassen. Die Gemüsebrühe mit 1¼ Liter Wasser mischen. Das Suppengrün im Schmalz unter Wenden anbraten, etwas Brühe zugeben und zugedeckt 5 Minuten dünsten.

3 Inzwischen die Kartoffeln schälen, waschen, würfeln und zur Zwiebel-Suppengrün-Mischung geben. Die restliche Flüssigkeit mit der Gemüsebrühe angießen. Den gewaschenen, abgetropften Naturreis einstreuen und 20 Minuten quellen lassen.

4 Die Zucchiniwürfel 5 Minuten vor Ende der Garzeit zufügen. Mit Salz und Curry würzen. Den Eintopf abschmecken. Zum Servieren auf vorgewärmte Teller geben und jeweils mit 1 Esslöffel Joghurt verrühren.

Variante
Statt Naturreis können Sie auch Graupen verwenden.

Info
Der Thai-Curry unterscheidet sich vom Madras-Curry in Farbe und Geschmack. Er ist gelbgrün und nicht braun und sein Geschmack ist etwas feiner. Erhältlich ist er in Feinkostabteilungen der großen Kaufhäuser oder in asiatischen Spezialgeschäften.

Zucchinieintopf mit Lammfleisch

Mediterran

1 Das Fleisch abspülen, trockentupfen und in daumengroße Würfel schneiden. In einem Topf im Olivenöl
unter Wenden anbraten, mit Salz und Pfeffer würzen.

2 Die Zwiebel, den Knoblauch, den Sellerie und die Petersilienwurzel schälen. Die Zwiebel würfeln, den Knoblauch zerdrücken, Sellerie und Petersilienwurzel würfeln.
Alles zum Fleisch geben. Nochmals 5 Minuten anbraten,
dann umrühren. Mit wenig Brühe auffüllen, weitere
5 Minuten zugedeckt dünsten. Die restliche Brühe
angießen.

3 Die Zucchini und Kartoffeln waschen. Von den
Zucchini Spitzen und Stielansätze entfernen und die
Zucchini sowie die Kartoffeln in Scheiben schneiden.
Beides in den Topf geben. Zugedeckt bei schwacher
Hitze 20 Minuten kochen lassen. Koriander, Rosmarin-
nadeln und grob geschnittene Salbeiblättter zufügen.
Mit Zucker, Salz und Pfeffer bestreuen.

4 Während der Kochzeit der Zucchini und Kartoffeln die
Tomaten mit heißem Wasser überbrühen, häuten, vierteln und entkernen, dabei die Stielansätze entfernen. Die
Frühlingszwiebeln waschen, putzen und in Ringe schneiden. Die Tomaten und Frühlingszwiebeln in den Eintopf
geben. Noch einmal abschmecken und mit gehacktem
Koriander bestreuen.

Info

*Koriander ist das Gewürz, das aus den kugelförmigen, brau-
nen Samen einer aus dem Orient stammenden Pflanze gewon-
nen wird. Geruch und Geschmack sind aromatisch-süßlich. Es
gibt Koriander als ganze Samen, gemahlen und als frisches
Kraut. Geeignet ist Koriander u. a. für Marinaden, Brotteig,
Rote Bete, Gurken, Kürbis (ganze Körner), außerdem für
Kohl, Hülsenfrüchte, Schweinefleisch, für Weihnachtsgebäck,
Gemüse, Fisch und exotische Gerichte.*

Für 4 Portionen

750 g Lammfleisch
aus der Keule

4 EL Olivenöl

Salz

weißer Pfeffer, frisch gemahlen

1 Zwiebel

4 Knoblauchzehen

1 Stück Sellerieknolle

1 kleine Petersilienwurzel

$1^{1}/_{4}$ l Fleischbrühe (Instant)

750 g Zucchini

2 Kartoffeln (ca. 120 g)

$^{1}/_{2}$ TL gemahlener Koriander

1 Stiel Rosmarin

3 Salbeiblätter

1 Prise Zucker

200 g Tomaten

3 Frühlingszwiebeln

1 Bund Koriander

Zubereitungszeit:
ca. 45 Minuten

Salate & kleine Gerichte

Sie sind zu jeder Jahreszeit beliebt: kleine, leichte Salate aus bunt zusammengestellten, internationalen Zutaten – Multi-Kulti-Küche für den Hunger zwischendurch oder für das Partybuffet.

Aus Asien

Zucchini-Reis-Salat

Für 4 Portionen

4 getrocknete Mu-Err-Pilze
250 g Mittelkornreis (z. B. Vialone)
550 ml Hühnerbrühe
3 EL Sherry, medium
5 EL Sojasauce
500 g Zucchini
Salz
200 g Tiefseekrabbenfleisch
3 EL Sesamöl
1 TL Zucker

Zubereitungszeit:
ca. 40 Minuten
Quellzeit: 30 Minuten
Marinierzeit: 30 Minuten

1 Die getrockneten Pilze mit kochendem Wasser überbrühen und 30 Minuten quellen lassen.

2 Inzwischen den Reis in einer Mischung aus $1/2$ Liter Hühnerbrühe und jeweils 1 Esslöffel Sherry und Sojasauce in einem Topf aufkochen lassen. Zugedeckt 10 Minuten kochen und 20 Minuten ausquellen lassen.

3 Während Pilze und Reis quellen, die Zucchini waschen, Spitzen und Stielansätze entfernen und die Zucchini in kleine Würfel schneiden.

4 Die gequollenen Pilze in kleine Stücke zerteilen und in $1/4$ Liter Salzwasser 30 Minuten im geschlossenen Topf garen. 3 Minuten vor Ende der Garzeit die Zucchiniwürfel dazugeben.

5 Das Gemüse gut abtropfen lassen und mit dem Reis und den Krabben in einer Schüssel mischen.

6 Restliche Hühnerbrühe, übrige Sojasauce, Sherry, Sesamöl und Zucker verrühren und unter die Salatzutaten mischen. Den Salat 30 Minuten durchziehen lassen, zwischendurch nochmals umrühren.

Variante

Sie können auch roten Naturreis aus der Camargue verwenden. Sie bekommen ihn in Bioläden. Seine Kochzeit beträgt 20 Minuten, danach muss er noch 30 Minuten lang ausquellen.

Beilagentipp

Dazu passen hauchdünnes Vollkornknäckebrot oder türkisches Fladenbrot und ein gemischter grüner Salat in Essig-Öl-Sauce.

Bild Seite 28/29 (unten)

Zucchinibeignets

Aus Frankreich

1 Die Zucchini waschen, Spitzen und Stielansätze entfernen und die Zucchini in $1/_2$ cm dicke Scheiben schneiden. Die Zucchiniblüten öffnen, den Stempel im Innern jeweils mit einem kleinen Messer herauslösen.

2 Reismehl, Wasser, Salz und Zucker verrühren und für 30 Minuten in den Kühlschrank stellen. Ab und zu umrühren, damit eine geschmeidige Masse entsteht.

3 Das Butterschmalz erhitzen. Die Zucchiniblüten und Scheiben einzeln durch den Ausbackteig ziehen, abstreifen und nacheinander im Fett schwimmend ausbacken.

4 Die Beignets auf Küchenpapier abtropfen lassen und heiß servieren.

Varianten

Dazu passen noch 4 kleine Rosmarinzweige und 3 geschälte und in Scheiben geschnittene Knoblauchzehen, die in Öl frittiert werden. Und wenn Sie statt Salz 1 Teelöffel Puderzucker in den Teig rühren und nach dem Frittieren die Zucchiniblüten und -scheiben mit Puderzucker und Zimt bestäuben, wird daraus ein süßes Dessert.

Beilagentipp

Zu kurz gebratenem Fleisch und zu geschmorten Zucchini schmecken die Beignets besonders gut.

Für 4 Portionen

4 mittelgroße Zucchini (nach Möglichkeit 2 gelbe und 2 grüne)

4–12 Zucchiniblüten

Für den Ausbackteig

160 g Reismehl

0,15 l eisgekühltes Wasser

Salz

1 Prise Zucker

Außerdem

Butterschmalz zum Frittieren

Zubereitungszeit: ca. 15 Minuten
Kühlzeit: 30 Minuten

Bild Seite 28/29 (oben)

Mediterran

Gelbgrüner Zucchinisalat mit Basilikum

Für 4 Portionen

500 g gelbe und grüne Zucchini
3 Bund Basilikum
2 EL Zitronensaft
2 TL mittelscharfer Senf
Salz
weißer Pfeffer, frisch gemahlen
1 Prise Zucker
3 EL Öl (z. B. Rapsöl)
2 EL Sahne

*Zubereitungszeit:
ca. 15 Minuten*

1 Die Zucchini waschen, Spitzen und Stielansätze entfernen und die Zucchini in dünne Scheiben schneiden.

2 Die Basilikumblätter waschen und trockenschwenken, sehr große Blätter halbieren. Basilikum zusammen mit den Zucchinischeiben in eine Schüssel geben.

3 Zitronensaft, Senf, Salz, Pfeffer und Zucker verquirlen. Öl und Sahne dazugeben und alles cremig rühren. Die Marinade unter die Zucchini-Basilikum-Mischung geben. Den Salat sofort servieren.

Beilagentipp
Reichen Sie dazu Mehrkornbrot mit gesalzener Butter.

Aus Frankreich

Zucchini-Spinat-Salat

Für 4 Portionen

2 kleine gelbe Zucchini (250 g)
1 kleines Bund Radieschen
125 g Blattspinat
2 EL Rotweinessig
2 TL Senfpulver
Salz
weißer Pfeffer, frisch gemahlen
1 Prise Zucker
3 EL Olivenöl, kaltgepresst

*Zubereitungszeit:
ca. 20 Minuten*

Bild rechts: Gelbgrüner Zucchinisalat mit Basilikum

1 Die Zucchini und die Radieschen waschen. Von den Zucchini die Spitzen und Stielansätze entfernen. Von den Radieschen jeweils die Blätter mit Stiel und die Wurzel entfernen. Die Zucchini und die Radieschen in Scheiben schneiden.

2 Den Blattspinat verlesen und waschen, gut abtropfen lassen. Größere Blätter teilen.

3 Für die Salatsauce den Essig, das Senfpulver, Salz, Pfeffer, Zucker und das Öl verrühren. Die Sauce mit den Salatzutaten mischen. Den Salat 10 Minuten durchziehen lassen.

Aus der Türkei

Zucchini-Bulgur-Salat

Für 4 Portionen

100 g Bulgur
2 Tomaten
1 kleine rote Zwiebel
1 rote Chilischote
1 Bund Petersilie
200 g Zucchini
3 EL Olivenöl, kaltgepresst
Salz
weißer Pfeffer, frisch gemahlen
1 TL Paprika, edelsüß
Saft von 1/2 Zitrone

Zubereitungszeit:
ca. 20 Minuten
Quellzeit: 15 Minuten
Kühlzeit: 30 Minuten

1 Den Bulgur in eine Schüssel geben, mit 100 Milliliter kochend heißem Wasser übergießen und zugedeckt 15 Minuten quellen lassen.

2 Inzwischen die Tomaten mit heißem Wasser überbrühen, häuten und achteln, dabei die Stielansätze entfernen. Die Zwiebel schälen und in sehr dünne Ringe schneiden. Die Chilischote längs halbieren, Stiel und Kerne entfernen und die Schotenhälften sehr fein schneiden.

3 Die Petersilie waschen, trockenschwenken und die Blätter fein hacken. Die Zucchini waschen, Spitzen und Stielansätze entfernen und die Zucchini erst halbieren oder vierteln, dann würfeln.

4 Zucchini, Zwiebel, fein geschnittene Chilischote, Petersilie und Tomaten vorsichtig mischen. Den Bulgur mit Salz, Pfeffer, Paprika und Zitronensaft würzen und unterheben. Den Salat nochmals mit Salz und Pfeffer kräftig abschmecken und 30 Minuten kühl stellen.

Variante

Dieses Rezept können Sie auch warm servieren. Dazu Zwiebelwürfelchen in 2 Esslöffeln Öl andünsten, die Zucchiniwürfel zugeben und mit den anderen Zutaten und dem gegarten Bulgur mischen.

Beilagentipp

Hierzu passt Feldsalat mit blättrig geschnittenen Champignons in Essig-Öl-Marinade.

Info

Bulgur ist vorgekochter, geschälter, getrockneter und geschroteter Weizen. Er wird im Vergleich zu Couscous gröber gemahlen und ist noch als zerbrochenes Weizenkorn (Grütze) erkennbar.

Zucchinisalat mit Zitronensauce

1 Die Zucchini waschen, Spitzen und Stielansätze entfernen. Die Zucchini im Ganzen in kochendes Salzwasser geben und darin 5 Minuten ziehen lassen. Die Zucchini herausnehmen und gut abtropfen lassen. In daumendicke Scheiben schneiden und warm stellen.

2 Für die Sauce den Zitronensaft, Senf, Salz, Pfeffer und Öl verrühren. Die gehackten Kräuter untermischen.

3 Die noch warmen Zucchinischeiben mit der Zitronensauce mischen, darin abkühlen lassen und bis zum Servieren kühl stellen.

Beilagentipp
Bieten Sie dazu knuspriges Baguette oder Fladenbrot an.

Aus Griechenland

Für 4 Portionen
8 kleine Zucchini (je ca. 100 g)
Salz

Für die Sauce
Saft von 2 Zitronen
1 TL Senf
Salz
weißer Pfeffer, frisch gemahlen
6 EL Olivenöl, kaltgepresst
je 1 EL Petersilie, Dill und frische Minze, fein gehackt

Zubereitungszeit:
ca. 20 Minuten

Zucchinisalat mit Tomaten-Pflaumen-Mayonnaise

1 Die Zucchini waschen, Spitzen und Stielansätze entfernen und die Zucchini auf einer groben Reibe raspeln.

2 Für die Salatsauce Mayonnaise, Ketchup, Curry und Pflaumenmus verrühren.

3 Bei Tisch die Zucchiniraspel mit der Salatsauce mischen.

Variante
Statt Pflaumenmus schmeckt auch Orangenkonfitüre in der Salatsauce.

Von den Kanarischen Inseln

Für 4 Portionen
350 g Zucchini
3 EL Mayonnaise
3 EL Tomatenketchup
$1/4$ TL Curry
1 EL Pflaumenmus

Zubereitungszeit:
ca. 20 Minuten

Tipp
Die Zucchini erst kurz vor dem Anrichten raspeln, weil sie sonst zu viel Wasser ziehen.

Ein Hauch von Orient

Für 4 Portionen

600 g mittelgroße Zucchini
250 g mittelgroße Tomaten
Salz
½ TL Kreuzkümmel, gemahlen
2 EL Zitronensaft
2–3 Knoblauchzehen
1 TL Piment
Pfeffer, frisch gemahlen
4 EL Olivenöl
1 Bund Petersilie

Zubereitungszeit:
ca. 20 Minuten

Tipps
Statt Petersilie schmeckt auch gehackter Korinader sehr gut.
Die Zucchini können Sie auch in einem Dünsteinsatz zubereiten.

Marokkanischer Zucchinisalat

1 Die Zucchini waschen, Spitzen und Stielansätze entfernen und die Zucchini in 2 cm große Würfel schneiden. Die Tomaten kreuzweise einritzen, mit heißem Wasser überbrühen, häuten und achteln, Stielansätze und Kerne entfernen und die Tomatenstücke in Streifen schneiden.

2 Die Zucchiniwürfel in ¼ Liter Salzwasser zugedeckt 3 Minuten weich dünsten. Einmal zwischendurch wenden.

3 Eventuell vorhandene Flüssigkeit abgießen. Die Tomatenstücke zu den Zucchini geben, mit wenig Kreuzkümmel und 1 Tropfen Zitronensaft würzen, die Mischung im Topf schwenken und abkühlen lassen.

4 Für die Sauce den Knoblauch schälen, zerdrücken und mit Piment, restlichem Kreuzkümmel, Zitronensaft, Salz, Pfeffer und Öl verrühren. Die Petersilie waschen, trockenschwenken und fein hacken.

5 Die Sauce über die abgekühlten Zucchini und Tomaten geben. Den Salat vermischen und mit gehackter Petersilie bestreut servieren.

Beilagentipp
Dazu passt türkisches Fladenbrot.

Zucchini mit Frischkäse

Schnell

Für 4 Portionen

4 Zucchini (je ca. 200 g)
Salz
1 Tomate
je 1 kleine gelbe und rote Paprikaschote
$^1/_2$ Dose Thunfisch, naturell (75 g)
weißer Pfeffer, frisch gemahlen
Paprika, edelsüß
2 TL Kräuteressig
1 Packung französischer Frischkäse mit Kräutern (150 g)

Zubereitungszeit:
ca. 20 Minuten

Tipp
Das Rezept eignet sich auch gut als Teil eines kalten Buffets – reichen Sie dazu dünnes Vollkornknäckebrot.

1 Die Zucchini waschen, Spitzen und Stielansätze entfernen. Die Zucchini in $1^1/_2$ Liter Salzwasser geben und darin 5 Minuten garen. Herausnehmen, abtropfen lassen und längs halbieren.

2 Die Tomate kreuzweise einritzen, mit heißem Wasser überbrühen, häuten und würfeln, dabei den Stielansatz entfernen.

3 Die Paprikaschoten waschen, vierteln, die weißen Kerne und die Stielansätze entfernen. Die Schoten in feine Würfel schneiden und 1 Minute in heißem Wasser ziehen lassen. Herausnehmen und sofort in kaltes Wasser geben.

4 Das Fruchtfleisch der Zucchini bis auf einen Rand von 1 cm herauslösen und fein würfeln. Den Thunfisch zerpflücken und mit Zucchinifruchtfleisch, Paprikaschoten und Tomate mischen. Mit Salz, Pfeffer und Paprikapulver würzen und mit Kräuteressig abschmecken.

5 Die Zuchinihälften mit der Thunfisch-Gemüse-Mischung füllen. Den Frischkäse verrühren und darauf anrichten.

Beilagentipp
Dazu passt knuspriges Baguette und ein trockener Riesling aus dem Rheingau.

Carpaccio von Zucchini

1 Die Zucchini von den Blüten abtrennen, waschen, die Spitzen und Stielansätze entfernen. Die Zucchini mit einem Sparschäler längs in hauchdünne Scheiben schneiden und eine große Platte damit auslegen.

2 Pfeffer über die Zucchini mahlen, den Zitronensaft und das Olivenöl darüber träufeln. Mit Frischhaltefolie abgedeckt 15 Minuten kühl stellen.

3 Parmesan über das Carpaccio reiben und die abgebrausten, trockengetupften Kerbelblättchen darauf verteilen. Mit den Zucchiniblüten garnieren.

Aus Italien

Für 4 Portionen

8 junge Zucchini mit Blüten (je ca. 50 g)
weißer Pfeffer, grob gemahlen
Saft von 2 Zitronen
8 EL Olivenöl, kaltgepresst
120 g Parmesan (Parmigiano Reggiano)
8 Stiele Kerbel

Zubereitungszeit:
ca. 20 Minuten

Zucchini mit Walnusssauce

1 Die Zucchini waschen, Spitzen und Stielansätze entfernen und die Zucchini in 1 cm dicke Scheiben schneiden.

2 1 Liter Wasser mit etwas Zitronensaft und Salz erhitzen und die Zucchinischeiben darin 3 Minuten ziehen lassen. Die Zucchinischeiben herausnehmen, abtropfen lassen und auf eine Servierplatte legen. Mit wenig Salz und Pfeffer bestreuen.

3 Für die Sauce die Knoblauchzehen schälen. Das Weißbrot entrinden und würfeln. Die Knoblauchzehen mit den Brotwürfeln, den Walnusskernen, dem Essig, dem Olivenöl und dem Eigelb pürieren. Mit Salz und Pfeffer würzen.

4 Den Dill waschen und trockenschwenken. Die Dillspitzen fein schneiden und in die Sauce rühren. Die Sauce über die Zucchinischeiben geben.

Aus Griechenland

Für 4 Portionen

600 g kleine Zucchini
etwas Zitronensaft
Salz
schwarzer Pfeffer, frisch gemahlen
4 Knoblauchzehen
2 Scheiben Weißbrot
50 g Walnusskerne
3 EL Weißweinessig
5 EL Olivenöl, kaltgepresst
1 Eigelb
1 Bund Dill

Zubereitungszeit:
ca. 25 Minuten

Aus den Niederlanden

Für 4 Portionen

250 g Zucchini
180 g junger Gouda
1 hart gekochtes Ei
1 Cornichon
1 Schalotte
3 EL gehackte gemischte Kräuter (Petersilie, Dill, Schnittlauch, Kerbel)

Für die Sauce

6 EL Weißweinessig
Salz
weißer Pfeffer, frisch gemahlen
10 EL Öl (z. B. Rapsöl)

Außerdem

1 kleiner Radicchiosalat
1/2 Kästchen Kresse

Zubereitungszeit:
ca. 20 Minuten

Zucchinisalat mit Käse

1 Die Zucchini waschen, Spitzen und Stielansätze entfernen und die Zucchini längs in dünne Scheiben, dann in dünne Streifen schneiden.

2 Den Käse grob darüber reiben. Das Ei und das Cornichon fein hacken. Die Schalotte schälen und würfeln. Ei, Cornichon und Schalotte mit Kräutern mischen und auf die Zucchini-Käse-Mischung geben.

3 Den Weißweinessig, Salz, Pfeffer und Öl verrühren. Die Sauce über den Salat gießen und alles vermischen.

4 Den Radicchiosalat putzen, die Blätter vorsichtig ablösen, den Strunk abschneiden, eventuell die dicke weiße Rippe entfernen. Teller mit den Salatblättern auslegen und den Salat darauf anrichten.

5 Die Kresse vom Beet schneiden und auf dem Salat verteilen.

Variante

Der Käse kann durch gekochten Schinken oder Lyoner Wurst ersetzt werden. Eventuell zum Schluss einige geröstete Sonnenblumenkerne über den Salat streuen.

Beilagentipp

In Scheiben geschnittene knusprige Roggenbrötchen schmecken dazu am besten.

Mediterran

Geschmorte Zucchini mit Knoblauch und Kräutern

Für 4 Portionen

500 g junge Zucchini

1 kleine Zwiebel (ca. 50 g)

3–4 junge Knoblauchzehen

3–4 EL Olivenöl

4–5 Rosmarinnadeln

1 TL Thymianblättchen

Salz

weißer Pfeffer, frisch gemahlen

Saft von 1 Zitrone

Zubereitungszeit:
ca. 20 Minuten

1 Die Zucchini waschen, Spitzen und Stielansätze entfernen. Die Zucchini mit einem Sparschäler längs in 2 Millimeter dicke Scheiben schneiden. Zwiebel und Knoblauch schälen und sehr fein schneiden.

2 Das Olivenöl erhitzen und die Zwiebel- und Knoblauchwürfel darin glasig dünsten. Die Zucchinischeiben zugeben und beidseitig goldgelb anbraten. Die Kräuter zufügen. Mit Salz und Pfeffer würzen.

3 Alles noch etwa 5 Minuten dünsten. Kurz vor dem Servieren etwas Zitronensaft darüber träufeln.

Aus Italien

Zucchinisalat mit Croûtons

Für 4 Portionen

400 g Zucchini

2 Frühlingszwiebeln

2 frische Knoblauchzehen

3 Scheiben Roggen-Toastbrot

5 EL Olivenöl

Salz

weißer Pfeffer, frisch gemahlen

Zubereitungszeit:
ca. 20 Minuten

1 Die Zucchini und die Frühlingszwiebeln waschen. Von den Zucchini die Spitzen und die Stielansätze entfernen, die Zucchini würfeln. Die Frühlingszwiebeln in feine Streifen schneiden. Die Knoblauchzehen schälen und fein würfeln. Das Toastbrot entrinden und würfeln.

2 In einer Pfanne 3 Esslöffel Olivenöl erhitzen, die Brotwürfel darin unter Wenden goldgelb rösten, den Knoblauch zugeben und mit wenig Salz und Pfeffer würzen. Herausnehmen und warm stellen.

3 Die Zucchini und die Frühlingszwiebelstreifen in die Pfanne geben, einmal wenden, dann herausnehmen und mit den Croûtons mischen. Den Salat mit dem restlichen Olivenöl beträufeln.

Zucchini-Lammburger

1 Zwiebel und Knoblauch schälen und fein schneiden. Lammhackfleisch, Ei, Gewürze, Zwiebel und Knoblauch verkneten.

2 Die Chilischote waschen und längs halbieren. Die Kerne und den Stiel entfernen und die Schote sehr fein schneiden.

3 Die Zucchini waschen, Spitzen und Stielansätze entfernen und die Zucchini mit einem Sparschäler längs in dünne Scheiben schneiden.

4 Aus der Lammhackmasse 8 flache Frikadellen formen und mit den Zucchinischeiben kreuzweise umwickeln.

5 Chilischote, Öl und Thymianblättchen mischen und die Burger damit rundherum bestreichen. Die Zucchiniburger in einer beschichteten Pfanne auf jeder Seite 4 bis 5 Minuten braten.

Beilagentipp
Dazu schmeckt eine Petersiliensauce aus 4 Esslöffeln tiefgefrorener gehackter Petersilie, 1 gehackten Knoblauchzehe, 2 Esslöffeln gemahlener Mandeln, 4 Esslöffeln Öl, Salz, weißem Pfeffer und 3 Esslöffeln Zitronensaft.

Raffiniert

Für 4 Portionen

1 Zwiebel
1 Knoblauchzehe
500 g Lammhackfleisch
1 Ei (Gewichtsklasse M)
Salz
weißer Pfeffer, frisch gemahlen
1 Msp. Kreuzkümmel
1 rote Chilischote
2 große Zucchini (je ca. 200 g)
5 EL Pflanzenöl (z. B. Rapsöl)
2 Stiele Thymian

Zubereitungszeit:
ca. 25 Minuten

Mediterran

Zucchiniblüten mit Kalbfleischfüllung

Für 4 Portionen

10–12 weibliche Zucchini-blüten mit Frucht

Für die Füllung

1 kleine Zwiebel
1 TL Butterschmalz
250 g mageres Kalbfleisch
200 g Sahne
1 Ei
Salz
weißer Pfeffer, frisch gemahlen
1 Prise Muskatnuss, frisch gerieben

Für die Sauce

2 Packungen stückige Tomaten (je 370 g)
Salz
je 1 Prise Zucker und Cayennepfeffer
1 TL Olivenöl

Zubereitungszeit: ca. 45 Minuten

1 Die Zucchiniblüten vorsichtig öffnen und jeweils den Stempel im Innern mit einem kleinen Messer entfernen.

2 Die Zwiebel schälen und fein schneiden, in heißem Butterschmalz glasig dünsten und abkühlen lassen.

3 Das Kalbfleisch im Aufsatz der Küchenmaschine zu einer Farce pürieren, Sahne, Ei, abgekühlte Zwiebelwürfel und Gewürze zufügen.

4 Die Farce in einen Spritzbeutel (mit dünner Tülle) geben und die Blüten damit füllen. Diese mit einer leichten Drehbewegung verschließen. Die fingerlangen Früchte der Blüten jeweils in Fächer schneiden und etwas flach drücken.

5 Die Zucchiniblüten in einen Topf mit einem Dämpfeinsatz setzen, diesen etwa 2 cm hoch mit Wasser füllen. Zugedeckt bei mittlerer Hitze 5 bis 8 Minuten ziehen lassen.

6 Für die Sauce die Tomatenmasse in einem Topf erhitzen. Mit Salz, Zucker und Cayennepfeffer abschmecken und mit Olivenöl verrühren.

7 Die Sauce auf vorgewärmte Teller geben und die gefüllten Zucchiniblüten darauf anrichten.

Beilagentipp
Reis oder knuspriges Baguette passen gut dazu.

Aus Italien

Gefüllte Zucchiniblüten im Ausbackteig

Für 4 Portionen

20–24 Zucchiniblüten
2 entgrätete Sardellen
1 Bund glatte Petersilie
2 gehäufte EL Semmelbrösel
1 EL Olivenöl
weißer Pfeffer, frisch gemahlen

Für den Ausbackteig

2 Eier (Gewichtsklasse M)
$^1/_4$ l Milch
150 g Mehl

Außerdem

Butterschmalz
zum Ausbacken

Zubereitungszeit:
ca. 40 Minuten

1 Die Blüten vorsichtig öffnen und jeweils den Stempel im Inneren mit einem kleinen Messer entfernen.

2 Sardellen und Petersilie fein hacken und mit Semmelbröseln, Öl und Pfeffer verrühren. Die Blüten mit dieser Mischung füllen und anschließend mit einer Drehbewegung verschließen.

3 Für den Teig die Eier mit Milch und Mehl verquirlen und 10 Minuten stehen lassen.

4 Das Schmalz in einem Topf auf 180 °C erhitzen. Die Blüten einzeln durch den Teig ziehen, abstreifen und im Fett schwimmend ausbacken. Sofort servieren.

Variante

Für die Fritto di fiori di zucca, wie ihr klangvoller italienischer Name lautet, kann statt der Mischung auch jeweils nur 1 Stück Sardellenfilet und 1 Stück gewürfelter Käse (z. B. Mozzarella) in die Blüten gesteckt werden.

Beilagentipp

Reichen Sie dazu in dünne Scheiben geschnittenes und geröstetes Baguettebrot oder diagonal geschnittenes Toastbrot. Ein leichter Weißwein von der Mosel rundet dieses Gericht hervorragend ab.

Frittierte Zucchini

1 Die Zucchini waschen, Spitzen und Stielansätze entfernen. 1 1/2 Liter Wasser mit Salz und Zitronensaft aufkochen lassen und darin die ganzen Zucchini 5 bis 8 Minuten garen.

2 Die Zucchini der Länge nach fast durchschneiden, sodass sie noch an einem Ende zusammenhängen. Mit der Spitze eines Teelöffels das innere Fruchtfleisch etwas entfernen.

3 Den Käse in dicke Stifte schneiden, die Innenseiten der Zucchini damit belegen und die Hälften wieder zusammenklappen.

4 Das Fett in einem Topf auf 175 °C erhitzen. Die Zucchini erst in Mehl, dann in verquirltem Ei und zuletzt in Semmelbröseln wenden. Das Ganze wiederholen und dann die Panade festklopfen.

5 Die Zucchini im Fett portionsweise in jeweils etwa 4 Minuten goldgelb frittieren.

Variante
Sie können statt Käse auch in passende Streifen geschnittene Fleischwurst zwischen die Zucchinihälften legen.

Beilagentipp
Reichen Sie dazu Stangenweißbrot und einen Tomatensalat mit Essig-Öl-Sauce.

Aus Frankreich

Für 4 Portionen

8 sehr kleine Zucchini (Babyzucchini)
1/4 TL Salz
Saft von 2 Zitronen
125 g junger Gouda
etwas Mehl
2 Eier (Gewichtsklasse M)
6 EL Semmelbrösel

Außerdem

Pflanzenfett zum Ausbacken

Zubereitungszeit:
ca. 25 Minuten

Tipp
Wenn Sie keine Babyzucchini bekommen, schneiden Sie größere der Länge nach auf, entkernen die Früchte, schneiden diese in 4 cm breite Stücke und verfahren wie oben beschrieben.

Hauptgerichte & Beilagen

Im Topf gedünstet, in der Pfanne gebraten oder im Backofen überbacken – Zucchini präsentieren sich immer hervorragend, ob als Hauptgericht oder als Beilage zu Fleisch, Fisch oder vegetarischen Gerichten.

Aus Italien

Zucchini mit Pilz-Käse-Füllung

Für 4 Portionen

4 mittelgroße Zucchini (je ca. 200 g)
$^{1}/_{2}$ TL Meersalz

Für die Füllung

3 EL Milch
3 EL Semmelbrösel
150 g frische Champignons
3 Stiele frischer Oregano
3 EL tiefgefrorene Petersilie
3 EL Parmesan (Parmigiano Reggiano), frisch gerieben
Salz
weißer Pfeffer, frisch gemahlen
$^{1}/_{8}$ l Fleischbrühe (Instant)

Zubereitungszeit:
ca. 50 Minuten

1 Die Zucchini waschen, Spitzen und Stielansätze entfernen, die Zucchini längs halbieren und mit einem Teelöffel das Fruchtfleisch bis auf einen Rand von 1 cm herauslösen und sehr fein schneiden.

2 Die Zucchinihälften in 2 $^{1}/_{2}$ Liter kochendem, leicht gesalzenem Wasser 5 Minuten ziehen lassen, herausnehmen und abtropfen lassen.

3 Für die Füllung Milch und Semmelbrösel verrühren und etwas quellen lassen. Den Backofen auf 200 °C (Gas Stufe 3–4, Umluft 180 °C) vorheizen.

4 Die Champignons putzen, fein hacken und mit dem fein geschnittenen Zucchinifleisch, den eingeweichten Semmelbröseln, den Kräutern und dem Käse mischen. Mit Salz und Pfeffer pikant abschmecken.

5 Die Füllung in die Zucchini verteilen, diese in eine Auflaufform setzen und die Brühe angießen. Im Backofen, zweite Schiene von unten, 30 Minuten backen. Sofort servieren.

Variante

Statt frischer Champignons können Sie auch andere Pilze, z. B. Pfifferlinge, verwenden, die Sie vorher etwas anbraten. Bekommen Sie keine frischen Pilze, nehmen Sie Pilze aus der Dose, die Sie gut abtropfen lassen.

Beilagentipp

Reichen Sie dazu Stangenweißbrot.

Bild Seite 48/49

Zucchini mit Schafkäsefüllung

Aus Rumänien

1 Die Zucchini waschen, Spitzen und Stielansätze entfernen und die Zucchini längs halbieren. Mit der Spitze eines Teelöffels das Fruchtfleisch bis auf einen Rand von 1 cm herauslösen. Das Fruchtfleisch fein hacken.

2 Den Backofen auf 200 °C (Gas Stufe 3 – 4, Umluft 180 °C) vorheizen. 1 Esslöffel Butter in einem großen Topf zerlassen, die Zucchini darin unter Wenden andünsten, herausnehmen und abkühlen lassen.

3 Eigelbe, Salz, Pfeffer und Käse verrühren und die Mischung in die Zucchinihälften füllen, 1 Esslöffel Butter in Flöckchen darauf setzen. Die Zucchini in eine Auflaufform setzen und etwas Brühe angießen. Im Backofen, zweite Schiene von unten, 25 Minuten backen.

4 Restliche Butter mit dem Mehl verkneten und mit übriger Gemüsebrühe und saurer Sahne in die Auflaufform rühren. Weitere 5 Minuten im Backofen garen lassen, dann sofort servieren.

Variante

Probieren Sie einmal diese Füllung: 1 gewürfelte Paprikaschote mit 1 gehackten Zwiebel in der Pfanne andünsten, abkühlen lassen, mit Salz und Pfeffer würzen und 2 Esslöffel geriebenen Käse unterheben. Die Zucchinihälften damit füllen und mit Butterflocken belegt überbacken.

Beilagentipp

Reiben Sie Parmesan darüber und essen Sie dazu türkisches Fladenbrot.

Für 4 Portionen
4 kleine Zucchini (je ca. 100 g)
3 EL Butter
2 Eigelb (Gewichtsklasse M)
Salz
weißer Pfeffer, frisch gemahlen
6 EL geriebener Schafschnittkäse
$1/4$ l Gemüsebrühe (Instant)
2 TL Mehl
100 g saure Sahne

Zubereitungszeit:
ca. 45 Minuten

Vegetarisch

Zucchini-Grünkern-Risotto

Für 4 Portionen

2 rote Zwiebeln
3 EL Butter
300 g Grünkern
1 l Gemüsebrühe (Instant)
750 g Zucchini
2 Frühlingszwiebeln
3 EL Sojasauce
Salz
weißer Pfeffer, frisch gemahlen
1 Bund glatte Petersilie
2 EL gehackte Mandeln

Zubereitungszeit:
ca. 20 Minuten
Quellzeit: 35 Minuten

1 Die Zwiebeln schälen und fein schneiden. 1 Esslöffel Butter in einem Topf zerlassen, die Zwiebelwürfel darin glasig dünsten, den Grünkern zugeben, umrühren und nach und nach die Brühe angießen. Ständig rühren, bis die Brühe fast aufgesogen ist. Zugedeckt bei schwacher Hitze 35 Minuten quellen lassen.

2 Die Zucchini und die Frühlingszwiebeln waschen. Von den Zucchini Spitzen und Stielansätze entfernen. Die Frühlingszwiebeln putzen. Die Zucchini in etwa 5 cm große Würfel und die Frühlingszwiebeln in schmale Ringe schneiden.

3 Die restliche Butter erhitzen, die Zucchiniwürfel darin unter Wenden glasig werden lassen, die Frühlingzwiebelringe unterrühren. Die Sojasauce zufügen und alles mit Salz und Pfeffer würzen. 5 Minuten dünsten und den Grünkern untermischen.

4 Die Petersilie waschen, trockenschwenken und fein hacken. Die Mandeln in einer Pfanne ohne Fett goldgelb rösten. Das Risotto vor dem Servieren mit Petersilie und Mandeln bestreuen.

Info

Grünkern ist grüner, d. h. unreif geernteter Dinkel. Es gibt ihn als ganzes Korn, als Schrot (grob und fein), als Grieß und als Flocken. Er wird in Reformhäusern und Naturkostläden meist in Beuteln zu je 500 Gramm, aber auch lose angeboten.

Beilagentipp

Grüner Salat mit Essig-Öl-Sauce passt gut zum Risotto.

Aus Frankreich

Für 4 Portionen

600 g Zucchini

1 Stück Sellerieknolle

1 Zwiebel

1 Knoblauchzehe

3 EL Olivenöl

weißer Pfeffer, frisch gemahlen

1 Prise Cayennepfeffer

2 EL Tomatenmark

5 EL Kalbsfond
(aus dem Glas)

20 küchenfertige Jakobs-
muscheln (ca. 500 g)

1 EL Butter

1 Bund Petersilie

*Zubereitungszeit:
ca. 20 Minuten*

Jakobsmuscheln mit Zucchini

1 Die Zucchini und die Sellerieknolle waschen. Von den Zucchini Spitzen und Stielansätze entfernen. Die Zucchini längs halbieren und in dünne Scheiben, die Sellerieknolle in hauchdünne Streifen schneiden. Zwiebel und Knoblauch schälen und fein würfeln.

2 In einem flachen Topf 2 Esslöffel Olivenöl erhitzen, die Zwiebel- und Knoblauchwürfel darin hell anbraten, die Sellerie- und Zucchinistreifen zufügen und unter Wenden dünsten. Mit Pfeffer und Cayennepfeffer würzen und das Tomatenmark unterrühren. Den Kalbsfond angießen und 5 Minuten kochen lassen.

3 Restliches Öl in einer Pfanne erhitzen, die Jakobsmuscheln darin unter Wenden 4 Minuten dünsten. Die Butter darauf schmelzen lassen und die Zucchinimischung unterheben. Auf vorgewärmten Tellern mit der gehackten Petersilie bestreut anrichten.

Aus Thailand

Für 4 Portionen

400 g Zucchini

2 Möhren (je ca. 100 g)

100 g Bambussprossen
(aus der Dose)

$\frac{1}{2}$ l Kokosmilch (aus der Dose)

Salz, weißer Pfeffer

2 EL Kokossahne
(aus dem Asienladen)

*Zubereitungszeit:
ca. 20 Minuten*

Zucchini-Möhrengemüse mit Kokosmilch

1 Zucchini und Möhren waschen. Von den Zucchini Spitzen und Stielansätze entfernen, die Möhren putzen. Die Zucchini in Scheiben, die Möhren in Würfel, die Bambussprossen in feine Streifen schneiden.

2 Die Kokosmilch in einem Topf aufkochen lassen, salzen und pfeffern. Das Gemüse hineingeben, erneut aufkochen und 2 bis 3 Minuten kochen lassen.

3 Das Gemüse herausnehmen und abtropfen lassen. In eine vorgewärmte Schüssel geben, die Kokossahne darüber gießen und mit Pfeffer bestreuen.

Zucchini mit Sardinenfüllung

1 Die Zucchini waschen, Spitzen und Stielansätze entfernen und die Zucchini längs halbieren. Das Fruchtfleisch bis auf einen Rand von 1 cm herauslösen und fein würfeln. Die Zucchinihälften in 1 1/2 Liter kochendem Salzwasser 4 Minuten ziehen lassen.

2 Schalotte und Knoblauch schälen und fein schneiden. Das Öl erhitzen und Schalotten- sowie Knoblauchwürfel darin anbraten. Das Zucchinifleisch dazugeben und 5 Minuten dünsten. Das zerpflückte Sardinenfleisch unterheben. Die Mischung in die Zucchinihälften füllen und diese in eine Auflaufform setzen.

3 Den Backofen auf 200 °C (Gas Stufe 3–4, Umluft 180 °C) vorheizen. Die stückigen Tomaten um die Zucchini herum verteilen. Die gefüllten Zucchini im Ofen, zweite Schiene von unten, 25 Minuten backen.

Von den Kanarischen Inseln

Für 4 Portionen

4 kleine Zucchini (je ca. 100 g)
1/2 TL Meersalz
1 Schalotte
1 kleine Knoblauchzehe
3 EL Olivenöl
1 kleine Dose Ölsardinen (ohne Haut und Gräten)
4 EL stückige Tomaten (aus der Dose)

Zubereitungszeit: ca. 45 Minuten

Zucchini-Champignon-Ragout

1 Die Zucchini waschen, Spitzen und Stielansätze entfernen und die Zucchini erst längs vierteln, dann in Scheiben schneiden. Die Champignons putzen und die Stielenden abschneiden. Die Pilze blättrig schneiden. Zwiebeln schälen und fein würfeln.

2 Das Öl in einer Pfanne erhitzen, Zwiebelwürfel zugedeckt darin glasig werden lassen, Curry zugeben und unter Rühren kurz anschwitzen.

3 Die Zucchinistücke portionsweise zu den Zwiebeln geben, die Champignonscheiben unterheben. Mit Salz und Pfeffer würzen. Unter Wenden 3 Minuten dünsten. Sahne zugießen und umrühren. Noch 3 Minuten kochen lassen. Den Parmesan unterheben und sofort servieren.

Vegetarisch

Für 4 Portionen

600 g Zucchini
300 g Champignons
3 Zwiebeln (ca. 150 g)
1 EL Pflanzenöl
1–2 TL Curry
Salz
schwarzer Pfeffer, frisch gemahlen
100 g Sahne
75 g Parmesan, frisch gerieben

Zubereitungszeit: ca. 20 Minuten

Preiswert

Zucchini mit Tomaten

Für 4 Portionen

2 Zwiebeln
3 Knoblauchzehen
600 g Zucchini
3 mittelgroße Tomaten
je 2 Stiele Bohnenkraut und Basilikum
3 EL Pflanzenöl (z. B. Rapsöl)
Salz, weißer Pfeffer

*Zubereitungszeit:
ca. 25 Minuten*

1 Zwiebeln und Knoblauch schälen und fein würfeln. Zucchini waschen, Spitzen und Stielansätze entfernen und die Zucchini würfeln. Die Tomaten mit kochendem Wasser überbrühen, häuten, vierteln und dabei die Stielansätze entfernen. Die Kräuter waschen und trockenschwenken.

2 Das Öl erhitzen und die Zwiebel- und Knoblauchwürfel darin andünsten. Zucchiniwürfel zufügen, salzen und pfeffern. Alles 5 Minuten zugedeckt dünsten.

3 Tomaten und Kräuterblätter auf die Zucchini legen, alles wenden und nochmals abschmecken.

Aus Indien

Zucchini mit Kichererbsen

Für 4 Portionen

400 g Zucchini
1 EL Ghee oder Butterschmalz
1 Msp. Asant
1 TL schwarze Senfsamen
200 g Kichererbsen (aus der Dose)
1 Packung Tomatensauce mit Basilikum (370 g)
1 Msp. Cayennepfeffer
je $^1/_2$ TL Kurkumapulver und gemahlener Koriander
1 TL Garam masala
1 Prise Salz
$^1/_2$ Bund frischer Koriander

*Zubereitungszeit:
ca. 15 Minuten*

Bild rechts: Zucchini mit Tomaten

1 Die Zucchini waschen, Spitzen und Stielansätze entfernen. Die Zucchini erst in sehr dünne Scheiben, dann in dünne Streifen und schließlich in Würfel schneiden.

2 Das Fett in einem Topf erhitzen. Asant und Senfsamen 1 Minute darin unter Wenden braten. Die Zucchiniwürfel portionsweise hinzufügen und einige Minuten mitbraten. Wieder herausnehmen und beiseite stellen.

3 Die Kichererbsen mit Flüssigkeit, die Tomatensauce, die Gewürze und Salz hinzufügen, wenden und 10 Minuten ohne Deckel kochen lassen. Die Zucchini wieder zugeben und alles umrühren. Zum Servieren mit Korianderblättern bestreuen.

Ein Hauch von Orient

Für 4 Portionen

600 g Zucchini
1 Zwiebel
2 Knoblauchzehen
1 kleine Ingwerwurzel
3 EL Olivenöl
Saft von $1/_2$ Zitrone
$1/_2$ TL Kreuzkümmel
$1/_2$ Bund Petersilie
4 küchenfertige Hähnchen-brustfilets (je ca. 100 g)
Salz
weißer Pfeffer, frisch gemahlen

Zubereitungszeit:
ca. 25 Minuten

Hähnchenbrust mit Zucchini

1 Die Zucchini waschen, Spitzen und Stielansätze entfernen und die Zucchini in dünne Scheiben schneiden.

2 Zwei Drittel der Zucchini in einem Topf mit wenig Wasser 5 Minuten zugedeckt dünsten. Die Flüssigkeit abgießen, die Zucchinischeiben beiseite stellen.

3 Zwiebel, Knoblauch und Ingwer schälen und fein würfeln. In einer Pfanne 1 Esslöffel Olivenöl erhitzen und darin Zwiebel- und Knoblauchwürfel glasig dünsten. Die Ingwerstückchen zufügen und 1 Minute unter Rühren dünsten. Die restlichen Zucchinischeiben zufügen, ebenfalls 1 Minute dünsten.

4 Zitronensaft, $1/_2$ Liter Wasser und Kreuzkümmel in die Zwiebelmischung rühren, aufkochen und zugedeckt bei schwacher Hitze 5 bis 6 Minuten kochen lassen.

5 Die Zucchini-Zwiebel-Mischung mit dem Handrührgerät (Pürierstab) pürieren, durch ein feines Sieb streichen und in eine Pfanne geben. Die gegarten Zucchinischeiben und die gehackte Petersilie zugeben. Die Sauce warm stellen.

6 Das restliche Olivenöl erhitzen, die Hähnchenbrustfilets darin rundherum anbraten, salzen und pfeffern und 10 bis 12 Minuten braten, zwischendurch wenden.

7 Die Hähnchenbrustfilets zu den Zucchini geben und zusammen 5 Minuten ziehen lassen.

8 Die Filets in fingerdicke schräge Scheiben schneiden, auf vorgewärmte Teller geben und mit den Zucchini anrichten.

Beilagentipp
Körnig gekochter Basmatireis oder Baguette runden das Gericht ab.

Kaschmirpilaw

1 Den Basmatireis in einem Topf in Salzwasser aufkochen und zugedeckt 20 Minuten quellen lassen.

2 In der Zwischenzeit die Zucchini waschen, Spitzen und
Stielansätze entfernen und die Zucchini grob raspeln.
Den Ingwer schälen und klein schneiden.

3 Die Zucchini in einen Topf geben, Ingwer, Koriander,
Zimt und Salz hinzufügen. Alles knapp mit Wasser bedecken und zugedeckt 5 bis 8 Minuten kochen.

4 Zucker und Zitronensaft zufügen und das Ganze
einige Minuten ohne Deckel kochen lassen.

5 Das Fett in einem Topf erhitzen. Nelken, Pfefferkörner
und gemahlenen Kardamom unter Rühren 3 Minuten
darin anbraten.

6 Den Reis, die Zucchini mit der Flüssigkeit, den Safran
und die Mandeln zu den Gewürzen geben und alles bei
schwacher Hitze so lange kochen, bis die Flüssigkeit
verdampft ist.

Variante
*Statt Basmatireis können Sie auch Vollkornreis verwenden –
allerdings verliert das Gericht dann etwas von seiner typisch
indischen Note.*

Info
*Ghee ist reines Butterfett ohne Rückstände von Wasser oder
Eiweiß. Man bekommt es in Asienläden in Dosen.*

Aus Indien

Für 4 Portionen

250 g Basmatireis
Salz
300 g Zucchini
20 g frischer Ingwer
1 EL gemahlener Koriander
1 TL Zimt
1 EL brauner Zucker
Saft von 1 Zitrone
2 EL Ghee oder Butterschmalz
5 Gewürznelken
8 schwarze Pfefferkörner
$1/2$ TL gemahlener Kardamom
1 Tütchen Safranfäden
20 abgezogene Mandeln, grob gehackt

Zubereitungszeit:
ca. 35 Minuten

Raffiniert

Putenkeulen mit Zucchini-Linsengemüse

Für 4 Portionen

2 Putenkeulen (Ober- oder Unterkeulen, je ca. 800 g)
Salz
schwarzer Pfeffer, frisch gemahlen
1 kräftige Prise gemahlener Koriander
2 Zwiebeln
2 EL Butterschmalz
$^3/_4$ l Geflügelbrühe (Instant)
250 g Linsen
600 g Zucchini
3–4 EL Weißweinessig
1 Bund Schnittlauch

Zubereitungszeit:
ca. 1 Stunde 20 Minuten

Tipp

Die gegarten Putenkeulen zum Schneiden mit einer Fleischgabel einstechen und damit festhalten. Mit einem scharfen Messer parallel zum Knochen in dünne Scheiben schneiden.

1 Den Backofen auf 200 °C (Gas Stufe 3–4, Umluft 180 °C) vorheizen. Die Putenkeulen abspülen, mit Küchenpapier trockentupfen, mit Salz, Pfeffer und etwas Koriander einreiben. Die Zwiebeln schälen und in Achtel schneiden.

2 Das Butterschmalz in einem Bräter erhitzen und die Keulen darin rundherum kräftig anbraten. Die Zwiebeln zufügen, unter Rühren anbraten, mit etwas Brühe ablöschen und die Putenkeulen zugedeckt im Backofen, untere Schiene, 20 Minuten schmoren.

3 Die übrige Brühe angießen, die Linsen untermischen und zugedeckt weitere 30 bis 40 Minuten schmoren.

4 Die Zucchini waschen, Spitzen und Stielansätze entfernen, die Zucchini würfeln und unter die Puten-Linsen-Mischung heben. Mit Salz, Pfeffer, Koriander und Weißweinessig abschmecken, noch einmal 10 Minuten kochen lassen.

5 Den Schnittlauch waschen, trockenschütteln und in Röllchen schneiden. Das Fleisch in Scheiben schneiden und mit dem Gemüse anrichten. Mit Schnittlauch bestreuen.

Variante

Statt Weißweinessig können Sie auch Obstessig oder Aceto balsamico verwenden.

Beilagentipp

Dazu schmeckt frisches Vollkornbrot oder kleine in der Schale gekochte neue Kartoffeln.

Aus Italien

Zucchini mit Nudeln

Für 4 Portionen

2 mittelgroße oder 4 kleine Zucchini
250 g Bandnudeln
Salz
3 EL Pflanzenöl (z. B. Maiskeimöl)
300 g Putenbrustfilet oder -schnitzel
weißer Pfeffer, frisch gemahlen
1 Päckchen Zitronen-Butter-Sauce (Fertigprodukt)
1 EL Thymianblättchen

Zubereitungszeit:
ca. 15 Minuten

1 Die Zucchini waschen, Spitzen und Stielansätze entfernen und die Zucchini längs mit dem Sparschäler in dünne Scheiben schneiden.

2 Die Nudeln in reichlich Salzwasser mit 1 Esslöffel Öl in 6 bis 7 Minuten bissfest garen. In den letzten 1 bis 2 Minuten die Zucchinistreifen zufügen und mitgaren. Nudeln und Zucchini in einem Sieb abgießen.

3 Während die Nudeln kochen, das Putenfleisch in dünne Streifen schneiden und im restlichen Öl in 2 Minuten rundherum goldgelb anbraten.

4 Das Fleisch mit Salz und Pfeffer würzen und an die Seite schieben. $1/_2$ Liter kaltes Wasser dazugießen und die Fertigsauce einrühren. Mit dem Fleisch mischen und 1 Minute kochen lassen. Fleisch mit Sauce und Nudeln auf Tellern anrichten und mit Thymianblättchen bestreuen.

Variante

Wer mag, kann auch eine helle Sauce – ebenfalls aus einem Fertigprodukt – zubereiten und zum Servieren geriebenen Parmesan über das Gericht streuen.

Aus Korea

Zucchini mit Sesam

Für 4 Portionen

400 g Zucchini	
ca. 1¹/₂ TL Salz	
1 kleine Stange Lauch (ca. 200 g)	
1 kleine Knoblauchzehe	
2 TL Sesamsamen	
ca. 2¹/₂ EL Sesamöl	
1 TL Gemüsebrühe (Instant)	
Salz	

Zubereitungszeit:
ca. 15 Minuten
Marinierzeit: 15 Minuten

1 Die Zucchini waschen, Spitzen und Stielansätze entfernen und die Zucchini in dünne Scheiben schneiden. Mit 1 Teelöffel Salz bestreuen und 15 Minuten ziehen lassen.

2 Inzwischen den Lauch waschen, putzen und in dünne Streifen schneiden. Knoblauch schälen und fein hacken. Die Sesamsamen in einer beschichteten Pfanne ohne Fett unter Rühren leicht rösten, herausnehmen.

3 Die Zucchinischeiben ausdrücken und trockentupfen. 2 Esslöffel Sesamöl in einem Topf erhitzen, die Knoblauchwürfel darin glasig werden lassen. Zucchinischeiben, Lauchstreifen, 1 Teelöffel Sesamsamen und die Gemüsebrühe zufügen.

4 Alles 5 Minuten unter ständigem Wenden bissfest garen. Mit etwas Salz und restlichem Sesamöl abschmecken und mit den restlichen Sesamsamen bestreuen.

Schnell

Zucchini auf neapolitanische Art

Für 4 Portionen

8 kleine Zucchini (je ca. 50 g)	
1 mittelgroße Zwiebel	
1 Knoblauchzehe	
4 EL Olivenöl	
Salz	
weißer Pfeffer, frisch gemahlen	
1 TL Majoran	
1 Packung Tomatensauce mit Basilikum (370 g)	
4 EL Parmesan, frisch gerieben	

Zubereitungszeit:
ca. 20 Minuten

1 Die Zucchini waschen, Spitzen und Stielansätze entfernen und die Zucchini in fingerdicke Scheiben schneiden. Zwiebel und Knoblauch schälen, fein schneiden.

2 Das Öl in einem Topf erhitzen, die Zucchinischeiben darin anbraten, die Zwiebel- und Knoblauchwürfel zufügen. Mit Salz, Pfeffer und Majoran würzen.

3 Die Mischung bei mittlerer Hitze unter Wenden 8 Minuten zugedeckt dünsten. Die Tomatensauce zufügen, umrühren und noch mal 8 Minuten ohne Deckel kochen lassen. Mit Parmesan bestreuen.

Zucchini-Fisch-Pfanne mit Tomaten

1 Die Kabeljaufilets auftauen lassen, in daumengroße Würfel schneiden und trockentupfen. Die Zucchini waschen, Spitzen und Stielansätze entfernen und die Zucchini würfeln. Die Tomaten waschen und die Stielansätze entfernen.

2 Das Öl erhitzen, die Fischwürfel darin rundherum anbraten, mit Salz und Pfeffer würzen. Die Zucchini zufügen und 5 Minuten mitbraten. Die Tomaten unterheben.

3 Den Dill waschen, trockenschwenken, fein schneiden und über die Fisch-Zucchini-Mischung streuen.

Für 6 Portionen

2 Packungen tiefgefrorenes Kabeljaufilet (je 300 g)
4 kleine Zucchini (je ca. 100 g)
15 Cocktailtomaten
2 EL Sonnenblumenöl
Salz
Pfeffer, frisch gemahlen
1 Bund Dill

Zubereitungszeit:
ca. 20 Minuten

Zucchinigratin

1 Die Kartoffeln waschen, schälen und in dünne Scheiben schneiden. Reichlich Salzwasser aufkochen lassen und die Kartoffelscheiben darin 3 Minuten vorgaren. Mit einer Schaumkelle herausnehmen und abtropfen lassen. Die Zucchini waschen, Spitzen und Stielansätze entfernen und die Zucchini ebenfalls 3 Minuten in dem Salzwasser ziehen lassen.

2 Den Backofen auf 180 °C (Gas Stufe 2–3, Umluft 160 °C) vorheizen. Eine Gratinform leicht einfetten und die Kartoffel- und Zucchinischeiben schuppenartig hineinlegen. Die Sahne mit Salz und Pfeffer würzen und über das Gemüse gießen. Butterflocken darauf setzen.

3 Das Gratin im Backofen, zweite Schiene von unten, 20 Minuten backen. Den Käse grob reiben und darüber streuen. Das Gratin weitere 5 bis 8 Minuten backen.

Für 4 Portionen

400 g mehlig kochende Kartoffeln
Salz
500 g Zucchini
50 g Butter
125 g Sahne
weißer Pfeffer, frisch gemahlen
150 g Gruyère

Zubereitungszeit:
ca. 45 Minuten

Aus der Türkei

Zucchiniauflauf mit Ziegenkäse und Rosinen

Für 4 Portionen
500 g Zucchini
500 g rote Zwiebeln
4 Knoblauchzehen
50 g Butter
$^3/_8$ l Milch
100 g Ziegenfrischkäse
Salz
schwarzer und weißer Pfeffer, grob geschrotet
100 g Rosinen
4 EL stückige Tomaten (aus der Packung oder Dose)
3 Zweige Thymian
1 Bund glatte Petersilie

Zubereitungszeit:
ca. 1 Stunde

1 Die Zucchini waschen, Spitzen und Stielsätze entfernen und die Zucchini in 2 mm dünne Scheiben schneiden. Zwiebeln und Knoblauch schälen. Die Zwiebeln in dünne Scheiben, den Knoblauch in dünne Stifte schneiden.

2 Den Backofen auf 200 °C (Gas Stufe 3–4, Umluft 180 °C) vorheizen. Eine Auflaufform mit niedrigem Rand leicht einfetten. Die Zucchini- und Zwiebelscheiben abwechselnd schuppenartig einschichten und die Knoblauchstifte dazwischen verteilen.

3 Die Milch in einem Topf erhitzen, vom Herd nehmen und den Frischkäse darin glatt rühren. Mit Salz und Pfeffer würzen.

4 Die Rosinen waschen und abtropfen lassen, zusammen mit den stückigen Tomaten über der Gemüsemischung verteilen und die Milchmischung darüber gießen. Die Thymianblättchen darüber streuen. Die restliche Butter in Flöckchen darauf setzen.

5 Den Auflauf im Backofen, zweite Schiene von unten, 35 Minuten backen. Zum Servieren die gehackte Petersilie darüber streuen.

Getränketipp
Genießen Sie dazu einen gut gekühlten Riesling aus dem Elsaß oder dem Rheingau.

Raffiniert

Geschmorte Zucchiniblüten

Für 4 Portionen

20 – 30 Zucchiniblüten
1 mittelgroße Zwiebel
1 kleine Knoblauchzehe
3 EL Olivenöl
Salz
weißer Pfeffer, frisch gemahlen
3 Stiele Thymian
5 Rosmarinnadeln
2 EL Pinienkerne

Zubereitungszeit:
ca. 25 Minuten

1 Die Zucchiniblüten öffnen, jeweils den Stempel im Inneren mit einem kleinen Messer entfernen. Die Blüten halbieren.

2 Zwiebel und Knoblauch schälen und sehr fein würfeln. 2 Esslöffel Olivenöl erhitzen, die Zwiebel- und Knoblauchwürfel darin kurz anbraten, dann zugedeckt dünsten.

3 Das restliche Olivenöl erhitzen, die Zucchiniblüten darin unter Wenden bei schwacher Hitze anbraten. Mit Salz und Pfeffer, den Thymianblättchen (einige beiseite legen) und Rosmarin zugedeckt noch 1 Minute dünsten.

4 Die Pinienkerne in einer Pfanne ohne Fett hellbraun rösten und zusammen mit dem beiseite gelegten Thymian und der Zwiebel-Knoblauch-Mischung über die Zucchiniblüten verteilen. Sofort servieren.

Variante

Diese Beilage können Sie auch kalt servieren. Dazu passt eine Vinaigrette aus 2 Esslöffel weißem Aceto balsamico, 1 Prise Salz, weißem Pfeffer und 3 Esslöffel Olivenöl.

Beilagentipp

Zu gebratenem oder gedünstetem Fisch oder zu gebratenem Kalbsschnitzel passen die geschmorten Zucchiniblüten besonders gut.

Zucchiniblütenpizza

1 Die zerbröckelte Hefe in 225 Milliliter lauwarmem Wasser auflösen. Mehl, Margarine, Salz und Hefe in eine Schüssel geben und zu einem geschmeidigen Teig verkneten. Zugedeckt an einem warmen Ort gehen lassen, bis sich das Volumen verdoppelt hat. Das dauert etwa 35 Minuten.

2 Für den Belag den Zucchino waschen, Spitze und Stielansatz entfernen und den Zucchino fein würfeln.

3 Die Margarine in einem Topf erhitzen, Zucchiniwürfel zugeben und unter Wenden dünsten. Die Tomatenstückchen zufügen, Crème fraîche, Parmesan und Eigelbe unterrühren. Nicht kochen lassen! Mit Pfeffer und Salz würzen und beiseite stellen.

4 Salzwasser zum Kochen bringen. Die Zucchiniblüten öffnen, jeweils den Stempel im Inneren mit einem kleinen Messer entfernen und die Blüten portionsweise für 1 Minute ins kochende Wasser geben. In eiskaltem Wasser abschrecken.

5 Den Backofen auf 220 °C (Gas Stufe 4–5, Umluft 190 °C) vorheizen. Den Teig noch mal auf bemehlter Arbeitsfläche durchkneten, in 4 Portionen teilen und $1/_2$ cm dick zu runden Fladen ausrollen.

6 Ein Backblech einfetten, die Fladen darauf legen und die Zucchini-Tomaten-Mischung darauf verteilen. Die Pizzas 15 Minuten gehen lassen und im Ofen, mittlere Schiene, 10 bis 12 Minuten backen. 5 Minuten vor Ende der Backzeit die in Stücke geschnittenen Zucchiniblüten auf die Pizzas legen.

Getränketipp
Trinken Sie dazu einen Chianti oder einen Rotwein aus der Pfalz.

Aus Italien

Für 4 Pizzas je ca. 20 cm ⌀

Für den Teig
$1/_2$ Würfel frische Hefe (25 g)

400 g Mehl (Type 550)

30 g Margarine

1 TL Salz

Für den Belag
1 Zucchino (ca. 250 g)

1 EL Margarine

4 EL stückige Tomaten (aus der Dose)

100 g Crème fraîche

50 g Parmesan, frisch gerieben

2 Eigelb

weißer Pfeffer, frisch gemahlen

Salz

Außerdem
8 Zucchiniblüten

Mehl für die Arbeitsfläche

Margarine zum Einfetten

Zubereitungszeit:
ca. 1 Stunde 45 Minuten

Raffiniert

Hummerkrabben mit Zucchini in Zitronensauce

Für 4 Portionen

12 große rohe Hummer-krabbenschwänze (ca. 750 g)
1 TL Meersalz
1 TL Dillsamen
600 g Zucchini
1 kleine rote Paprikaschote
3 EL Olivenöl
je $1/2$ Bund Estragon, Basilikum und Kerbel
Saft von $1/2$ Zitrone
1 EL Aceto balsamico
Salz
weißer Pfeffer, frisch gemahlen

Zubereitungszeit:
ca. 25 Minuten

1 Die Hummerkrabben abspülen. $2^{1}/_{2}$ Liter Wasser, Salz und Dillsamen in einem Topf aufkochen. Die Hummer-krabben hineingeben und zugedeckt 3 bis 4 Minuten zie-hen lassen, bis sie sich rot färben. Herausnehmen und abkühlen lassen. Das Wasser erneut erwärmen.

2 Hummerkrabben bis zur Schwanzflosse mit einer Schere aufschneiden und jeweils den dunklen Darm entfernen. Die Hummerkrabben warm stellen.

3 Die Zucchini waschen, Spitzen und Stielansätze ent-fernen und die Zucchini in dünne Streifchen schneiden.

4 Die Paprikaschote waschen, vierteln, Stielansatz und Kerne entfernen. Die Paprikaviertel quer in dünne Strei-fen schneiden.

5 In einem Topf das Olivenöl erhitzen, die Paprikastrei-fen darin unter Wenden andünsten, die Zucchinistreifen zugeben und zugedeckt 8 Minuten dünsten.

6 Die Kräuter waschen und trockenschwenken, einige Stiele für die Garnierung beiseite legen, die restlichen Kräuter fein schneiden und unter die warme Gemüse-mischung rühren. Die Hummerkrabben in Stücke schneiden und unterheben. Alles mit Zitronensaft und Aceto balsamico, Salz und Pfeffer würzen. Auf vorge-wärmte Teller geben und mit Kräutern garnieren.

Beilagentipp
Bieten Sie dazu kleine geröstete Baguettescheiben und Weißwein aus dem Rheingau an.

Raffiniert

Zucchini mit Nordseekrabbenfüllung

Für 4 Portionen

4–6 Zucchini (insgesamt ca. 1 kg)
Salz
2 mittelgroße Zwiebeln oder Schalotten
2 TL Butter
1 Bund Dill
200 g Crème fraîche
schwarzer Pfeffer, frisch gemahlen
200 g Nordseekrabbenfleisch
25 g Parmesan, frisch gerieben

Zubereitungszeit:
ca. 30 Minuten

1 Die Zucchini waschen, Spitzen und Stielansätze entfernen und die Zucchini längs halbieren. Das Fruchtfleisch mit der Spitze eines Teelöffels bis auf einen Rand von $1/2$ cm herauslösen und fein würfeln.

2 Die Zucchinihälften in leicht gesalzenem Wasser je nach Größe 8 bis 10 Minuten ziehen lassen, herausnehmen, trockentupfen und beiseite stellen.

3 Die Zwiebeln oder Schalotten schälen und fein würfeln. 1 Teelöffel Butter in einer Pfanne erhitzen und die Zwiebelwürfel zugedeckt darin glasig werden lassen. Das ausgelöste Zucchinifleisch zufügen und zugedeckt dünsten.

4 Inzwischen den Dill abbrausen, trockenschwenken und fein schneiden. Den Backofen auf 200 °C (Gas Stufe 3–4, Umluft 180 °C) vorheizen.

5 Die Pfanne vom Herd nehmen, Crème fraîche einrühren, mit wenig Salz und Pfeffer würzen, etwas kochen lassen. Die Krabben mit dem Dill unterheben. Die Zucchinihälften mit der Krabbenmischung füllen und mit Parmesan bestreuen. Restliche Butter in Flöckchen darauf setzen.

6 Die Zucchinihälften in eine Auflaufform setzen und 4 Esslöffel Wasser einfüllen. Die Zucchini im Backofen 5 bis 8 Minuten backen. Sofort servieren.

Beilagentipp
Getoastete Baguettescheiben und Mineralwasser mit Zitrone oder ein Chablis passen gut zu diesem Gericht.

Schnell

Zucchini mit heller Sauce

Für 4 Portionen

600 g Zucchini	
Salz	
50 g gekochter Schinken oder durchwachsener Speck	
40 g Butter oder Margarine	
30 g Mehl	
$^1/_4$ l Milch	
Muskatnuss, frisch gerieben	
weißer Pfeffer, frisch gemahlen	
je $^1/_2$ Bund glatte Petersilie und Kerbel	

Zubereitungszeit:
ca. 15 Minuten

1 Die Zucchini waschen, Spitzen und Stielansätze entfernen und die Zucchini in Würfel schneiden. 2 Liter Salzwasser erhitzen und die Zucchini darin 5 bis 8 Minuten garen, herausnehmen, in kaltem Wasser abschrecken und gut abtropfen lassen.

2 Schinken oder Speck in feine Würfel schneiden. Butter oder Margarine in einem Topf erhitzen und die Schinkenwürfel darin anbraten. Mehl einrühren, die Mischung mit $^1/_4$ Liter Zucchinikochsud und Milch auffüllen und verrühren. Mit Muskat und Pfeffer abschmecken.

3 Die Sauce 7 Minuten kochen lassen und durch ein feines Sieb streichen. Die Zucchini in die Sauce geben und die gehackten Kräuter unterheben.

Beilagentipp

Dazu passen gebratene Lammhacksteaks und Salzkartoffeln oder Kartoffelpüree.

Schnell

Gebratene Zucchinischeiben

Für 4 Portionen

750 g Zucchini	
Salz	
weißer Pfeffer, frisch gemahlen	
8–10 EL Pflanzenöl	
3 EL Mehl	
2 Eier (Gewichtsklasse M)	
100 g Semmelbrösel	
1 Bund frischer Koriander	

Zubereitungszeit:
ca. 20 Minuten

1 Die Zucchini waschen, Spitzen und Stielansätze entfernen. Die Zucchini in $^1/_2$ cm dicke Scheiben schneiden und beidseitig mit Salz und Pfeffer würzen.

2 Das Öl in einer Pfanne erhitzen. Die Zucchinischeiben nacheinander in Mehl, den verrührten Eiern und Semmelbröseln wenden. In dem heißen Fett beidseitig goldgelb braten, herausnehmen und auf Küchenpapier gründlich abfetten.

3 Die Zucchinischeiben auf einer Platte mit dem Koriander garniert anrichten.

Zucchiniquiche

1 Mehl mit Backpulver und Salz mischen und mit Butter und Ei zu einem glatten Teig verkneten. Eventuell einige Tropfen kaltes Wasser zugeben. Den Teig flach drücken, in Frischhaltefolie wickeln und 1 Stunde kalt stellen.

2 Die Zucchini waschen, Spitzen und Stielansätze entfernen und die Zucchini grob raspeln. Mit 2 Eiern und Crème fraîche verrühren, mit Salz, Pfeffer und Muskatnuss abschmecken. Ebenfalls kalt stellen.

3 Den Backofen auf 200 °C (Gas Stufe 3–4, Umluft 180°C) vorheizen. Die Semmelbrösel in einer beschichteten Pfanne ohne Fett unter Wenden goldgelb rösten, abkühlen lassen.

4 Den Teig auf leicht bemehlter Arbeitsfläche ausrollen und eine Springform (26 cm Durchmesser) damit auslegen. Den Rand 2 bis 3 cm hoch drücken. Die Zucchinimasse einfüllen und glatt streichen.

5 Die Quiche im Backofen, zweite Schiene von unten, 35 Minuten backen. Die restlichen Eier verquirlen und damit die Oberfläche der Quiche bestreichen. Geröstete Semmelbrösel und Käse mischen, auf die Quiche streuen und diese in 10 Minuten fertig backen.

6 Die Quiche noch 5 Minuten im ausgeschalteten Backofen ruhen lassen. Warm servieren.

Getränketipp
Dazu schmeckt ein Grauburgunder aus Württemberg sehr gut.

Preiswert

Für 4 Portionen

Für den Teig
250 g Weizenmehl
1 TL Backpulver
$\frac{1}{2}$ TL Salz
100 g Butter oder Margarine
1 Ei (Gewichtsklasse M)

Für den Belag
500 g Zucchini
4 Eier (Gewichtsklasse M)
200 g Crème fraîche
Salz
weißer Pfeffer, frisch gemahlen
Muskatnuss, frisch gerieben
80 g Semmelbrösel
50 g geriebener Emmentaler

Außerdem
Mehl für die Arbeitsfläche

Zubereitungszeit:
ca. 1 Stunde
Kühlzeit: 1 Stunde

Mediterran

Zucchini mit Lammfleischfüllung

Für 4 Portionen

4 mittelgroße Zucchini (je ca. 200 g)
Salz
2 kleine Zwiebeln
je 1 Bund Dill, Petersilie und Minze
3 EL Olivenöl
300 g Lammhackfleisch
4 EL Weißwein
150 g Doppelrahmfrischkäse
weißer Pfeffer, frisch gemahlen
1 Fleischtomate
1 TL Mehl
100 g Sahne

Zubereitungszeit:
ca. 1 Stunde

1 Die Zucchini waschen, Spitzen und Stielansätze entfernen und die Zucchini längs halbieren. Mit einem Teelöffel das Fruchtfleisch bis auf einen Rand von 1 cm herauslösen. Das Fruchtfleisch klein schneiden.

2 Die Zucchinihälften in leicht gesalzenem Wasser 5 Minuten ziehen lassen, herausnehmen. Die Zwiebeln schälen und fein schneiden. Die Kräuter waschen, trockenschwenken und fein hacken.

3 Das Öl in einer Pfanne erhitzen, die Zwiebelwürfel darin glasig braten. Das herausgelöste Fruchtfleisch zufügen, unter Wenden kurz mitbraten, herausnehmen und beiseite stellen.

4 Das Lammhackfleisch in das Bratfett geben und krümelig anbraten. Den Weißwein angießen. Das Fleisch leicht abgekühlt mit Frischkäse, Kräutern, Salz und Pfeffer verrühren.

5 Den Backofen auf 200 °C (Gas Stufe 3–4, Umluft 180 °C) vorheizen. Die Zucchinihälften mit der Lammfleischmischung füllen und in eine flache Auflaufform setzen.

6 Die Tomate waschen und klein schneiden, dabei den Stielansatz entfernen. Tomate und Zucchinifruchtfleisch um die gefüllten Zucchini verteilen. Im Backofen, zweite Schiene von unten, 20 Minuten backen.

7 Das Mehl und die Sahne verrühren und über die Zucchini gießen. Weitere 12 Minuten backen. Die Zucchini in der Form servieren.

Beilagentipp

Dazu schmeckt Baguette und als Getränk ein Trollinger Rotwein.

Eingemachtes

Zucchini im Glas – zum Selber-
essen oder Verschenken:
herzhaft oder süß, pikant oder
exotisch, als Relish, Chutney
oder Marmelade. Glas für Glas:
Essen mit Spaß!

Aus Italien

Zucchini in Olivenöl

Für 3 Gläser à ca. 450 g

1,2 kg kleine Zucchini
$^3/_8$ l Weißweinessig
1 EL Meersalz
2 rote Chilischoten
4 Zweige frischer Thymian
$^1/_2$ l Olivenöl, kaltgepresst

Zubereitungszeit:
ca. 35 Minuten

Tipp
Chilischoten sind höllisch scharf. Wenn Sie die Chilischoten geschnitten haben, sofort die Hände waschen.

1 Die Zucchini waschen, Spitzen und Stielansätze abschneiden und die Zucchini in 1 cm breite Scheiben schneiden.

2 Den Essig, $^3/_4$ Liter Wasser und Salz in einem Topf aufkochen. Die Zucchinischeiben portionsweise in das Wasser geben und etwa 1 Minute darin ziehen lassen. Mit einem Schaumlöffel herausheben und gut abtropfen lassen.

3 Die Chilischoten waschen, längs halbieren, Stiele und Kerne entfernen. Die Chilischotenhälften in feine Streifchen schneiden. Die Thymianblättchen von den Stielen zupfen und beiseite legen.

4 In einer Pfanne jeweils 2 Esslöffel Öl erhitzen und die Zucchinischeiben darin portionsweise goldgelb braten.

5 Die Zucchinischeiben, Chilistreifen und Thymianblättchen in mit kochendem Wasser ausgespülte Weckgläser geben. Öl angießen, bis alles damit bedeckt ist. Die Gläser verschließen.

Beilagentipp
Passt zu kurz gebratenem Fleisch und zu Fondue.

Info
Die Schärfe von Chilischoten können Sie variieren, indem Sie mehr oder weniger Kerne entfernen. Je mehr Kerne in den Chilischoten bleiben, desto schärfer wird das Gericht. Die Schoten kann man in Dosen oder getrocknet kaufen.

Bild Seite 78/79

Zucchini mit Knoblauch

1 Die Zucchini waschen, Spitzen und Stielansätze entfernen und die Zucchini in $1/2$ cm dicke Scheiben schneiden.

2 Knoblauch und Zwiebeln schälen. Rosmarinnadeln und Thymianblättchen von den Zweigen zupfen und zusammen mit den Zucchinischeiben, Knoblauch und Zwiebeln in mit kochendem Wasser ausgespülte Twist-off-Gläser geben.

3 Den Essig, $1/2$ Liter Wasser und die Gewürze sowie Zucker und Salz in einem Topf aufkochen lassen und rühren, bis sich Zucker und Salz aufgelöst haben.

4 Die Essig-Zucker-Lösung heiß über die Zucchinimischung gießen. Mit einem sauberen Tuch abgedeckt über Nacht ziehen lassen. Dann die Flüssigkeit wieder abgießen, erneut in einem Topf aufkochen lassen und wieder über das Gemüse gießen. Die Gläser sofort verschließen.

Variante
Für dieses Rezept können Sie auch ganz kleine, 8 bis 10 cm lange Zucchini verwenden. Diese nur ganz leicht mit einer Nadel anstechen.

Beilagentipp
Passt gut zu Hackfleischbällchen, großen oder kleinen Braten oder Kurzgebratenem.

Mediterran

Für 3 – 4 Gläser à ca. 450 g

600 g kleine gelbe und grüne Zucchini
5 Knoblauchzehen
100 g rote Zwiebeln
1 Zweig Rosmarin
1 Zweig Thymian
$1/2$ l Weißweinessig
$1/2$ EL weiße Pfefferkörner
1 TL Koriandersamen
1 TL Fenchelsamen
60 g feinster Zucker
1 EL Salz

Zubereitungszeit:
ca. 30 Minuten
Marinierzeit: über Nacht

Tipp
Die eingelegten Zucchini halten sich 6 Monate.

Zucchini-Zwiebel-Chutney

Für 4–5 Gläser à ca. 450 g

1,2 kg Zucchini
1 Gemüsezwiebel (ca. 300 g)
1 EL Salz
250 g Äpfel (z. B. Ingrid Marie)
2 Orangen
1 Knoblauchzehe
¹/₈ l Kräuteressig
100 g brauner Zucker
1 TL Senfkörner
1 Msp. Zimt
1 Msp. gemahlener Piment
¹/₂ TL Senfpulver
¹/₂ TL gemahlener Fenchel
weißer Pfeffer, frisch gemahlen
1 TL abgeriebene Zitronenschale

Zubereitungszeit:
ca. 25 Minuten
Marinierzeit: über Nacht

1 Die Zucchini waschen, Spitzen und Stielansätze entfernen und die Zucchini in 1 cm dicke Scheiben schneiden.

2 Die Zwiebel schälen und in sehr feine Würfel schneiden. Zucchini und Zwiebel in einer Schüssel mit Salz bestreuen und über Nacht zugedeckt ziehen lassen.

3 Die Äpfel schälen, Kerngehäuse entfernen und die Äpfel in Achtel schneiden. Orangen schälen und mit einem scharfen Messer zwischen den Trennwänden die Orangenfilets herausschneiden. Knoblauch schälen und zerdrücken.

4 Den Essig in einem Topf erhitzen, den Zucker darin auflösen, die Senfkörner und die Gewürze, Zitronenschale sowie Knoblauch zugeben. Zucchini, Zwiebelstücke, Apfel- und Orangenstücke hinzufügen und alles 10 Minuten kochen lassen. Die Masse sofort in mit kochendem Wasser ausgespülte und abgetropfte Twist-off-Gläser füllen und diese verschließen.

Beilagentipp
Wild- oder Rinderbraten und Kartoffelklöße schmecken dazu.

Info
Chutneys sind Gemüsekompotte, meistens scharf gewürzt, oft süßsauer. Sie werden kalt in kleinen Mengen an die Gerichte gegeben. Aber auch warm und in größeren Mengen oder gar als selbstständiges Gericht schmecken sie gut: kalt mit Weißbrot als Vorspeise, warm als Beilage zu Fisch oder Fleisch.

Zucchini-Relish

Für 4–5 Gläser à ca. 450 g
1,2 kg Zucchini
1 Ingwerwurzel (ca. 10 cm)
$^1/_4$ TL gemahlener Kurkuma
3–4 EL Obst- oder Weißweinessig
1 kg Gelierzucker

Zubereitungszeit:
ca. 25 Minuten

1 Die Zucchini waschen, Spitzen und Stielansätze abschneiden. Die Zucchini schälen und in 2 x 3 cm große Stücke schneiden.

2 Die Ingwerwurzel schälen, in sehr kleine Würfel schneiden und mit den Zucchini vermischt in einen Topf geben. Kurkuma einrühren, Essig und Gelierzucker zufügen. Alles aufkochen und 4 Minuten sprudelnd kochen lassen.

3 Die Masse in mit kochendem Wasser ausgespülte Twist-off-Gläser füllen und diese sofort verschließen.

Beilagentipp
Gut geeignet zu kurz gebratenem Fleisch, z. B. Lammkoteletts.

Essigzucchini mit Perlzwiebeln

Für 5–6 Gläser à ca. 450 g
1 $^1/_2$ kg kleine feste Zucchini
2 $^1/_2$ EL Salz
200 g Perlzwiebeln
$^1/_2$ l Weißweinessig
100 g doppelt raffinierter Zucker
1 EL Gurkengewürz
3 Dillstiele

Zubereitungszeit:
ca. 25 Minuten
Marinierzeit: 3 Tage

1 Die Zucchini waschen, Spitzen und Stielansätze entfernen. Die Zucchini mit einer Nadel mehrmals anstechen und über Nacht in 3 bis 4 Liter Wasser mit 1 Teelöffel Salz zugedeckt ziehen lassen.

2 Das Wasser abgießen. Die Perlzwiebeln schälen und mit den Zucchini in mit kochendem Wasser ausgespülte Twist-off-Gläser schichten.

3 Essig, $^1/_2$ Liter Wasser, Zucker, restliches Salz und Gurkengewürz in einem Topf aufkochen lassen und über die Zucchini gießen.

4 Nach 3 Tagen die Flüssigkeit abgießen, nochmals aufkochen und wieder heiß über die Zucchini gießen. Die Dillstiele zugeben. Die Gläser sofort verschließen.

Zucchini mit Zitrone und Tripmadam

1 Den Essig, ³/₈ Liter Wasser, Salz und Zucker in einem Topf aufkochen und abkühlen lassen.

2 Inzwischen die Zucchini waschen, Spitzen und Stielansätze entfernen und die Zucchini längs in etwa ¹/₂ cm dicke Scheiben schneiden, diese einmal quer halbieren.

3 Die Zitronen waschen, trockentupfen und die Schale spiralenförmig abschneiden. Die zarten Tripmadamtriebe oder -blättchen abspülen und mit der Messerklinge zerdrücken.

4 Zucchinistücke, Zitronenschale, Tripmadam und Pfefferkörner in eine Schüssel geben. Den abgekühlten Sud darüber gießen. Zugedeckt 24 Stunden ziehen lassen.

5 Die Zucchini und Tripmadam mit einem Schaumlöffel herausnehmen. Die Flüssigkeit in einen Kochtopf geben und aufkochen lassen. Die Zucchini wieder hineingeben, einmal aufkochen lassen, erneut mit einem Schaumlöffel herausheben und in mit kochendem Wasser ausgespülte Weckgläser füllen.

6 Die Flüssigkeit und die Kräuterstiele über die Zucchini geben. Die Gläser sofort verschließen und erst nach 2 Wochen öffnen.

Beilagentipp
Schmeckt zu Fondue oder als Teil eines Vorspeisentellers.

Info
Tripmadam gehört zur Hauswurz- und Mauerpfefferfamilie und war früher ein beliebtes Gewürz. Jetzt findet man diese Pflanze in Steingärten. Als Gewürz verwendet man nur die zarten Triebsprossen und die fleischigen Blättchen.

Aus Großmutters Zeiten

Für 4–5 Gläser à ca. 450 g
¹/₂ l Apfelessig
1 EL Meersalz
100 g brauner Zucker
1,2 kg kleine Zucchini
2 unbehandelte kleine Zitronen
2 Bund Tripmadam
1 TL weiße Pfefferkörner

Zubereitungszeit:
ca. 35 Minuten
Marinierzeit: 24 Stunden

Tipp
Wenn Sie Tripmadam nicht bekommen, nehmen Sie stattdessen Estragon.

Raffiniert

Zucchini und Tomaten in würziger Senfsauce

Für 5–6 Gläser à ca. 450 g
1¹/₂ kg Zucchini
1 kg kleine Cocktailtomaten
500 g kleine Perlzwiebeln
130 g Meersalz
1¹/₂ l Apfelessig
200 g feinster Zucker
1 EL gemahlener Kurkuma
1 TL Zimt
¹/₄ TL Curry
2 EL englisches Senfpulver
2 TL gemahlener Koriander
1 gehäufter EL Speisestärke

Zubereitungszeit:
ca. 30 Minuten
Marinierzeit: 24 Stunden

1 Die Zucchini waschen, Spitzen und Stielansätze entfernen und die Zucchini in 2 cm dicke Scheiben schneiden. Die Tomaten waschen und mit einer Nadel rundherum einstechen. Die Perlzwiebeln schälen.

2 Zucchini, Tomaten und Perlzwiebeln in eine große Schüssel geben und mit Salz vermischen. Mit einem umgedrehten flachen Teller bedecken und mit einem Gewicht (z. B. einem Brett mit einem Stein) beschweren. An einem kühlen Ort 24 Stunden ziehen lassen.

3 Das Gemüse portionsweise in ein Sieb geben, mit kaltem Wasser abspülen und abtropfen lassen.

4 Essig, Zucker und alle Gewürze in einem Topf mischen. Die Zucchini und Zwiebeln zugeben und aufkochen. Zugedeckt 3 Minuten kochen lassen. Die Tomaten hinzufügen und noch 1 Minute ziehen lassen.

5 Das Gemüse mit einem Schaumlöffel herausnehmen und in mit kochendem Wasser ausgespülte und abgetropfte Weckgläser füllen.

6 Die Speisestärke mit etwas kaltem Wasser verrühren. Den Kochsud im Topf noch einmal erhitzen, Speisestärke einrühren, aufkochen lassen und den Sud, sobald er dicklich ist, über das Gemüse in die Gläser gießen. Diese sofort mit Twist-off-Deckeln verschließen und erst nach 4 Wochen öffnen.

Beilagentipp
Passt gut zu Fondue, kurz gebratenem Fleisch oder Schweinebraten.

Zucchini in Essig

Schnell

Für 5–6 Gläser à ca. 450 g

1 kg kleine Zucchini
(möglichst mit 20 cm Länge)
¹/₂ l Essig
500 g Zucker
2 EL Salz

Zubereitungszeit:
ca. 50 Minuten

Tipp
Zum Einwecken eignen sich nur die kleinen, etwa 20 cm langen Zucchini. Größere Früchte enthalten zu viel Wasser, sodass sie beim Einkochen musig und unansehnlich werden.

1 Die Zucchini waschen, Spitzen und Stielansätze entfernen. Die Zucchini längs halbieren und eventuell größere Kerne entfernen. Die Zucchinihälften in 1 cm dicke Scheiben schneiden und in vorbereitete Weckgläser schichten.

2 Den Backofen auf 90 °C (Umluft nicht geeignet, Gas Stufe 1) vorheizen. Den Essig, ¹/₂ Liter Wasser, Zucker und Salz in einem Topf aufkochen und leicht abgekühlt über die Zucchinistücke gießen.

3 Die Weckgläser mit Gummiringen, Glasdeckeln und Klammern verschließen und 30 Minuten im Ofen einkochen.

Zucchini süßsauer

Schnell

Für 5–6 Gläser à ca. 450 g

1¹/₂ kg Zucchini
2 EL Meersalz
¹/₂ l Weißweinessig
1 EL Zucker
1 Päckchen Gurkengewürz

Zubereitungszeit:
ca. 20 Minuten

1 Den Backofen auf 90 °C (Umluft nicht geeignet, Gas Stufe 1) vorheizen. Die Zucchini waschen, Spitzen und Stielansätze entfernen. Die Zucchini in fingerlange Stücke schneiden und in mit kochendem Wasser ausgespülte und abgetropfte Weckgläser schichten. Mit Salz bestreuen.

2 Den Essig, ¹/₂ Liter Wasser, den Zucker und das Gurkengewürz in einem Topf aufkochen und über die Zucchini gießen. Die Gläser verschließen. Die Zucchini im Backofen, unterste Schiene, 15 Minuten sterilisieren.

Beilagentipp
Passt zu Fondue, Wild- und Schweinebraten.

Süßsaure Zucchini mit Datteln

1 Die Zucchini waschen, Spitzen und Stielansätze entfernen. Die Zucchini längs halbieren und in 2 cm breite Scheiben schneiden.

2 1½ Liter Salzwasser aufkochen lassen. Die Zucchinistücke darin portionsweise jeweils 1 Minute garen. Mit einem Schaumlöffel herausnehmen und abgetropft auf einem Küchentuch ausbreiten.

3 Die Datteln mit einem sauberen Tuch abreiben, entkernen und eventuell vierteln oder halbieren.

4 Die Vanilleschoten aufschlitzen. Zusammen mit dem Essig, dem Weißwein, dem Lorbeerblatt und ½ Liter Wasser in einem Topf aufkochen und etwa 10 Minuten leicht kochen lassen.

5 Die Zucchinistücke und Datteln in eine Schüssel geben und mit dem kochenden Sirup übergießen. Zugedeckt über Nacht ziehen lassen.

6 Die Flüssigkeit abgießen, mit dem Zucker verrühren und erneut aufkochen. Zucchini und Datteln darin portionsweise jeweils 5 Minuten kochen lassen.

7 Die Früchte ohne Sirup in vorgewärmte Twist-off-Gläser geben. Den Sirup bei starker Hitze einkochen lassen und in die Gläser verteilen. Sofort luftdicht verschließen.

Variante
Statt Datteln können Sie auch frische Feigen oder Aprikosen verwenden.

Beilagentipp
Dazu passen geschlagene Vanillesahne und Löffelbiskuits.

Raffiniert

Für 5–6 Gläser à ca. 450 g

750 g Zucchini

½ TL Salz

750 g frische Datteln

Für den Sirup

4 Vanilleschoten

¾ l Weißweinessig

½ l Weißwein

1 kleines Lorbeerblatt

500 g weißer oder brauner Zucker

Zubereitungszeit:
ca. 25 Minuten
Marinierzeit: über Nacht

Tipp
Angebrochene Gläser sollten Sie im Kühlschrank aufbewahren.

Scharf

Zucchini mit Meerrettich

Für 5–6 Gläser à ca. 450 g

1 $^1/_2$ kg kleine Zucchini
2 EL Salz
$^1/_2$ l Kräuteressig
125 g feinster Zucker
1 Stück frischer Meerrettich (ca. 10 cm)
3 rote Zwiebeln
40 g Senfkörner
3 Dilldolden

Zubereitungszeit:
ca. 30 Minuten
Marinierzeit:
zweimal über Nacht

1 Die Zucchini waschen, Spitzen und Stielansätze entfernen. Die Zucchini längs halbieren und in daumendicke Stücke schneiden. In eine Schüssel geben, mit Salz bestreuen und über Nacht zugedeckt ziehen lassen.

2 Den Essig, $^1/_2$ Liter Wasser und Zucker in einem Topf aufkochen lassen. Die Zucchinistücke darin portionsweise jeweils 2 bis 3 Minuten kochen lassen, bis sie leicht glasig sind. Mit einem Schaumlöffel herausheben, abtropfen und abkühlen lassen.

3 Den Meerrettich waschen, schälen und in dünne Scheiben schneiden. Die Zwiebeln schälen und in dünne Ringe schneiden. Meerrettich, Zwiebeln und Zucchini in ausgespülte Twist-off-Gläser füllen, Senfkörner über der Zucchinimischung verteilen.

4 Die Dilldolden zerpflücken und ebenfalls auf die Zucchini geben. Den Essigsud darüber gießen. Die Gläser abdecken und nochmals über Nacht stehen lassen.

5 Die Flüssigkeit noch einmal in einen Topf abgießen, erneut aufkochen lassen und über die Zucchini geben. Die Gläser sofort verschließen.

Beilagentipp

Diese eingelegten Zucchini passen gut zu gebratenem Fisch und Fleisch sowie als Beilage zu Fondue. Auch als Zutat für gemischte Salate schmecken Meerrettichzucchini hervorragend.

Zucchini-Apfel-Marmelade

Schnell

Für 4 Gläser à ca. 450 g

750 g kleine Zucchini

500 g Äpfel (Ingrid Marie oder Golden Delicious)

abgeriebene Schale und Saft von 1 Zitrone

100 ml Apfelsaft

1 kg Gelierzucker

Zubereitungszeit: ca. 25 Minuten

1 Die Zucchini waschen, Spitzen und Stielansätze entfernen und die Zucchini in kleine Würfel schneiden. Die Äpfel waschen, schälen und raspeln.

2 Zucchiniwürfel, Apfelraspel, Zitronenschale und -saft, Apfelsaft und Gelierzucker in einem Topf vermischen und mit dem Pürierstab leicht pürieren. 4 Minuten sprudelnd kochen lassen.

3 Die Gemüse-Frucht-Masse in kochend heiß ausgespülte Twist-off-Gläser füllen und diese sofort verschließen.

Zucchini-Bananen-Marmelade

Schnell

Für 5 Gläser à ca. 450 g

1 kg gelbe Zucchini

4 Bananen

je 1 unbehandelte Zitrone und Orange

2 EL Weißwein oder Wasser

3 EL weißer Portwein

1 kg Gelierzucker

Zubereitungszeit: ca. 25 Minuten

Tipp

Wer es pikanter mag, kann die Marmelade mit Salz, frisch gemahlenem weißem Pfeffer und Ingwer abschmecken.

1 Die Zucchini waschen, Spitzen und Stielansätze entfernen und die Zucchini in kleine Stücke schneiden.

2 Die Bananen schälen und mit einer Gabel zerdrücken. Die Schale von Zitrone und Orange abreiben, die Früchte auspressen.

3 Die zerdrückte Banane mit den Zucchinistückchen, dem Orangen- und Zitronensaft, dem Wein oder Wasser, dem Portwein und dem Gelierzucker in einem Topf verrühren und aufkochen lassen. 4 Minuten kochen lassen. Die abgeriebene Orangen- und Zitronenschale unterrühren.

4 Die Masse in mit kochendem Wasser ausgespülte und abgetropfte Twist-off-Gläser füllen und diese sofort verschließen.

Zucchini-Kumquat-Marmelade

1 Die Zucchini waschen, die Spitzen und Stielansätze entfernen und die Zucchini in kleine Würfel schneiden.

2 Die Kumquats heiß abwaschen, trockentupfen und halbieren, die kleinen Kerne entfernen. Die Kumquats mit einem scharfen Messer in dünne Scheiben schneiden.

3 Die Zitrone abspülen, trockentupfen, die Schale abreiben. Die Zitrone halbieren und den Saft auspressen.

4 Kumquatscheiben, Zitronenschale und 3 bis 4 Esslöffel Zitronensaft mit dem Zucker zu den Zucchiniwürfeln geben und alles gründlich mischen. Unter Rühren zum Kochen bringen und 20 bis 30 Minuten leicht dicklich einkochen. Zwischendurch umrühren.

5 Etwa 5 Minuten vor Ende der Kochzeit etwas Marmelade auf eine Untertasse geben. Wird die Marmelade fest, ist sie fertig und kann in mit heißem Wasser ausgespülte und abgetropfte Twist-off-Gläser gefüllt werden. Diese sofort verschließen.

Variante

Sie können auch bittere Orangen, die es von Dezember bis März gibt, verwenden.

Raffiniert

Für 5 Gläser à ca. 225 g

500 g Zucchini

150 g Kumquats
(Zwergorangen)

1 unbehandelte Zitrone

550 g Zucker

Zubereitungszeit:
ca. 35 Minuten

Rezepteregister

Sachregister

Die Deutsche Bibliothek – CIP Einheitsaufnahme

Iden, Karin:
Neue Köstlichkeiten mit Zucchini / Karin Iden.
– München : Augustus, 1999
  ISBN 3-8043-6011-4

Hinweis der Redaktion
Dieses Buch wurde in der neuen Rechtschreibung
verfasst.

Es ist nicht gestattet, Abbildungen dieses Buches
zu scannen, in PCs oder auf CDs zu speichern oder
in PCs/Computern zu verändern oder einzeln oder
zusammen mit anderen Bildvorlagen zu manipulie-
ren, es sei denn mit schriftlicher Genehmigung des
Verlages.

Augustus Verlag München 1999
© Weltbild Ratgeber Verlage GmbH & Co. KG.
Alle Rechte vorbehalten
Projektleitung: Michaela Zelfel
Redaktion: Gerlinde Wiesner
Umschlag: Ludwig Kaiser, München
Layout: Stefanie Mayr, Donauwörth, nach einer
Vorlage von Cornelia Osterbrauck, München,
und Marion Kraus, Augsburg
Bildnachweis: Umschlagfoto und Foodfotos:
Fotostudio Schmitz, München; Warenkundefotos:
Fotoarchiv Teubner, Füssen
Satz: satz-studio gmbh, Bäumenheim
Druck und Bindung: Offizin Andersen Nexö, Leipzig –
ein Betrieb der INTERDRUCK Graphischer Groß-
betrieb GmbH

Printed in Germany

ISBN 3-8043-6011-4

Gedruckt auf elementar chlorfrei gebleichtem Papier